www.iCharacter.eu
Texte : Agnès de Bézenac
Illustrations : Agnès de Bézenac
Publié par iCharacter Ltd. - Irlande
Traduit de l'original anglais par Barbara Weber
Copyright 2016. Tous droits réservés.
ISBN 978-1-62387-602-9

Publié par iCharacter Ltd. 6-9 Trinity Street, Dublin 2, Irlande.
Loi n° 49-956 du 16 juillet 1949 sur les publications
destinées à la jeunesse. Dépôt légal octobre 2016.
Imprimé en Pologne - Bernardinum.
Version de la Bible : LSG

Copyright © 2016 iCharacter Limited. Tous droits réservés. Aucune partie de ce livre ne peut être reproduite sous quelque forme que ce soit, y compris par les moyens électroniques ou mécaniques, les systèmes de stockage de l'information et de récupération, sans autorisation écrite de l'éditeur ou de l'auteur, sauf s'il s'agit de la citation de brefs extraits dans le cadre d'une revue de presse.

Introduction

Le manuel d'activités pour parents et animateurs qui accompagne « Une Bible pour MOI » s'adresse aux enfants de 4 à 7 ans.

Vous y trouverez tout un éventail de ressources pour vous guider durant vos moments spirituels en famille ou à l'école du dimanche : des jeux, des activités manuelles, des leçons et plus encore afin d'aider vos enfants à approfondir leur connaissance de la Parole de Dieu.

Dans chaque leçon, vous trouverez :

Un titre :

Le titre fait référence aux récits bibliques issus d' « Une Bible pour MOI ».
Chaque histoire est numérotée pour vous permettre de retrouver plus facilement les pages correspondantes dans le livret d'activités manuelles.

Une référence biblique :

Les références bibliques vous permettent de retrouver facilement les histoires dans votre version préférée de la Bible.

Le sujet de la leçon :

Chaque histoire biblique met l'accent sur une leçon particulière. Il peut s'agir d'un trait de caractère positif (valeur morale) ou d'un fondement de la foi. Cela vous sera utile pour les activités qui accompagnent les thèmes de chaque leçon.

Le verset à mémoriser :

Il s'agit d'un verset biblique en lien avec la leçon tirée de l'histoire. Les enfants auront ainsi quelque chose à emporter chez eux. Il pourra être utilisé dans l'activité manuelle ou être mémorisé collectivement. Ces versets ont été, pour la plupart, reformulés afin d'être simplifiés pour les enfants.

Le support visuel de l'histoire :

Il s'agit d'idées pour aider les enfants à visualiser l'histoire. Vous pouvez, bien sûr, vous servir de l'illustration du chapitre en question issu d' « Une Bible pour MOI ». Mais vous servir d'objets simples que vous trouverez chez vous donnera vie au récit et captera l'attention des enfants.

Des jeux :

Voici des idées de jeux pour varier les activités et donner l'occasion aux enfants de se lever et de se dégourdir les jambes. Les jeux ne sont pas forcément tous en lien avec l'histoire. Certains sont juste destinés à s'amuser. Ils ne demandent que peu de préparation. Certains éléments destinés aux jeux sont disponibles dans le livret d'activités manuelles et vous trouverez facilement les autres chez vous.

Des questions pour encourager la discussion :

1. Ces questions serviront à ramener le calme après l'excitation du jeu.
2. Elles aident à conclure la leçon de l'histoire.
3. Elles donnent l'occasion aux enfants d'apprendre à s'exprimer.
4. Elles aident les enfants à mettre l'histoire ainsi que la leçon en pratique dans leur propre vie.

Des activités manuelles :

Vous trouverez ici les explications pour utiliser les modèles disponibles du livret d'activités manuelles. Nous vous recommandons d'imprimer les pages destinées aux activités manuelles sur du carton pour obtenir le résultat escompté. Ces bricolages simples sont accessibles à la plupart des enfants et leurs réalisations ne requièrent que peu d'aide de la part de l'animateur ou d'un parent. Les lignes grises en gras autour des images donnent des repères pour les découper. Les pointillés indiquent où plier.

Des feuilles d'activités :

Toutes les feuilles d'activités mentionnées ici se trouvent dans le livret « La Bible et mes crayons » de la série « Une Bible pour MOI »
(« AT » concerne le livret qui couvre les histoires de l'Ancien Testament et « NT », celui du Nouveau Testament).
Ils peuvent être commandés sur notre site internet : www.icharacter.eu

Une idée de prière et de louange :

Voici des idées adaptées à chaque leçon, pour aider les enfants à vivre un temps de prière et de louange et à découvrir de nouvelles façons d'être en communion avec Dieu. Vos enfants auront du plaisir à prier grâce à des idées de prières calmes ou des idées de prières remplies d'énergie.

Le matériel nécessaire :

La liste du matériel nécessaire est incluse dans les explications de chaque activité manuelle. Il ne s'agit pas de listes exhaustives. Nous suggérons donc que vous preniez un peu de temps pour passer en revue le contenu de la leçon et rassembler le matériel dont vous aurez besoin.

Histoires de l'Ancien Testament

#	Titre	Histoire de la Bible	Thème	Pg.
1	Dieu créa le monde	La Création	Je m'applique	1
2	Le premier péché	Adam et Ève	Je sais dire non	3
3	Noé obéit à Dieu	L'arche de Noé	J'obéis	7
4	La tour géante	Babel	Je demeure humble	9
5	Il s'appuie sur Dieu	Abraham	Je m'appuie sur Dieu	13
6	Sara attend un bébé	Abraham et Sara	Je suis patient	17
7	Une femme pour Isaac	Rebecca	Je prends l'initiative	19
8	La fourberie de Jacob	Jacob et Esaü	Je suis honnête	21
9	Un drôle de rêve	Jacob	Je suis encouragé	23
10	Le manteau multicolore	Joseph	Je ne me compare pas	25
11	La grande sœur	Myriam	Je me montre responsable	27
12	À travers la mer	Moïse	Je fais confiance à Dieu	29
13	Les Dix Commandments	Moïse	Je respecte les règles	31
14	Une bataille fracassante	Josué	Je suis disposé	35
15	Une femme s'en va-t-en guerre	Débora	J'aime rendre service	39
16	Une drôle d'idée	Gédéon	Je suis prêt à m'adapter	43
17	L'homme le plus fort	Samson	Je prends de bonnes décisions	47
18	En glanant les épis	Ruth	Je suis fidèle	51
19	Dieu soit loué !	Anne	Je loue le Seigneur	53
20	Seigneur, je t'écoute	Samuel	J'écoute attentivement	55
21	Un petit berger	David	Je prends soin des autres	57
22	Face au géant	David et Goliath	Je suis courageux	59
23	Il chante à Dieu	Le roi David	J'aime célébrer Dieu	61
24	Un roi très sage	Salomon	J'apprends la sagesse	63
25	Un temple pour Dieu	Salomon	J'adore Dieu	67
26	Les oiseaux lui apportent à manger	Élie	J'ai de l'endurance	69
27	Une bien pauvre veuve	Élie	Je pense aux autres	71
28	Plonge-toi sept fois	Naaman	Je suis déterminé	73
29	Le petit roi	Joas	Je travaille en équipe	75
30	Trois amis courageux	La fournaise ardente	J'ai de solides convictions	77
31	En pâture aux lions	Daniel	Je résiste à la pression	79
32	Reconstruisons les murailles	Néhémie	Je persévère	81
33	Une belle reine	Esther	Je recherche la vraie beauté	83
34	Dans le ventre du gros poisson	Jonas	Je suis disponible	87

Histoires du Nouveau Testament

#	Titre	Histoire de la Bible	Thème	Pg.
35	Le Roi est né	Bébé Jésus	Je reçois l'amour de Dieu	89
36	Des cadeaux royaux	Les Rois mages	Je prends le temps d'admirer	91
37	Dans le Temple	Jésus	J'aime la Parole de Dieu	95
38	Il parle de Jésus	Jean-Baptiste	Je parle avec hardiesse	97
39	Jésus choisit ses disciples	Jésus	Je marche avec Jésus	99
40	En compagnie de Jésus	Jésus	Je veux être bon	103
41	De l'eau changée en vin	Jésus	Je garde ma bonne humeur	107
42	Jésus calme la tempête	Jésus	Jésus me calme	111
43	Jéus, le grand médecin	Une fille revient à la vie	J'ai foi en Jésus qui guérit	113
44	Est-ce un oiseau ?	L'aveugle voit	Je demande à Dieu	115
45	Enfin retrouvée	La parabole de la brebis perdue	J'apprends à réagir	117
46	Le paralytique	Jésus	Je suis un ami	121
47	Un petit garçon partage	Jésus	J'aime partager	123
48	Prends le temps d'écouter	Marthe et Marie	Je mets Jésus en premier	125
49	Le bon Samaritain	Parabole	J'ai de la compassion	129
50	Le papa qui pardonne	L'enfant prodigue	Je suis pardonné	131
51	Un seul revient	Les dix lépreux	Je dis merci	133
52	Un homme changé	Zacchée	Je me repens	135
53	Une entrée triomphale	Jésus	Je déborde d'enthousiasme	137
54	Plus qu'un repas	La communion	Je prends le repas de Jésus	139
55	Jésus sur la croix	Jésus	Je suis sauvé	141
56	Il revient à la vie	Jésus	Jésus me donne la vie	145
57	Jésus monte au Ciel	Jésus	J'ai l'espérance	147
58	Des flammes de feu	Le Saint-Esprit	Je reçois le Saint-Esprit	149
59	La Bonne Nouvelle	Les Actes des apôtres	Je témoigne	153
60	Le Ciel qui nous attend	Les visions de Jean	Je vais au Ciel	155

histoire 1

Dieu créa le monde

(Genèse 1:1) Sujet de la leçon : Je m'applique

Le verset à mémoriser :

Des mains actives procurent la richesse. (Proverbes 10:4)

Le support visuel de l'histoire :

Prenez quelques pots de pâte à modeler de différentes couleurs, et distribuez-les aux enfants de manière à ce que chacun ait une boule de pâte. Pendant que vous narrez l'histoire, demandez aux enfants de modeler des objets, des animaux ou des personnages, en rapport, si possible, avec la couleur dont ils disposent. (Par exemple, la couleur jaune pourrait les conduire à modeler un lion.) Vous pourrez alors vous en servir pour illustrer la leçon.

Jeu n°1 : La corbeille à devinettes de la création

Remplissez une corbeille ou un sachet avec toutes sortes de petits jouets ou d'objets rappelant la création de Dieu. À tour de rôle, les enfants plongent la main dans la corbeille, les yeux fermés, et saisissent un objet qu'ils essaient de deviner en le manipulant. S'ils pensent avoir trouvé, ils sortent l'objet et le montrent aux autres. Voici ce que vous pourriez mettre dans la corbeille : un caillou, une fleur, une noix, un fruit, une carotte, une feuille, une petite branche d'arbre, une figurine d'animal, d'insecte ou un personnage que l'on peut reconnaître par le toucher.

Jeu n°2 : Dieu m'a créé(e)

À tour de rôle, les enfants proposent une devinette: « Dieu m'a créé et ma première lettre est un G » (ou une autre lettre de leur choix). Les autres enfants essaient de deviner de quelle créature il s'agit : une girafe, un gorille, des graines ? Puis, au tour de celui qui a deviné de proposer une devinette. Amusez-vous jusqu'à ce que tous les enfants aient pu jouer !

Discussion :

- Êtes-vous capables de faire une liste de toutes les choses que Dieu a créées ? Pourquoi ou pourquoi pas ?
- Citez les trois choses de la création de Dieu que vous préférez.

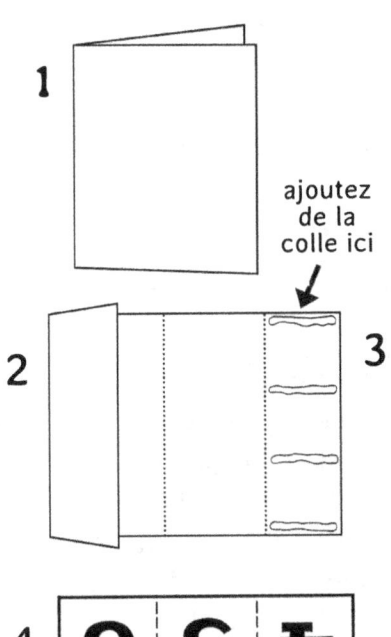

- Avez-vous déjà fabriqué quelque chose tout seul, que vous étiez fiers de montrer aux autres ?
- La création de Dieu est si belle et nous pouvons en profiter ! Qu'aimez-vous le plus ?
- Avez-vous déjà donné un coup de main à la maison et souhaité que Maman et Papa le sachent ? (Par exemple: vous avez fait votre lit tout seul, vous avez préparé le petit-déjeuner, vous avez rempli le lave-vaisselle, vous vous êtes coiffés tout seul, etc...) Quel était votre sentiment ?

Activité manuelle: les pochettes de la création

Pliez une feuille de papier coloré en deux dans le sens de la largeur (1). Rouvrez la feuille et repliez les bords vers l'intérieur à mi-distance du pli central. (2) Déposez un trait de colle sur les extrémités des deux languettes, ainsi qu'au premier tiers et deuxième tiers des languettes, puis repliez et collez de manière à obtenir trois pochettes de chaque côté(3). Découpez les chiffres cartonnés de 1 à 6 correspondant aux 6 jours de la création et collez-en un sur chaque pochette. (4)
Les enfants peuvent colorier les images, les découper et les insérer dans les pochettes. Repliez la feuille dans le sens de la largeur, pour obtenir une carte pliée à poser.(5) Cette activité amusante permettra aux enfants de se rappeler les six jours de la création.

Feuilles d'activité : (La Bible et mes crayons AT)

Page à colorier
Le message caché

Idées de prière et de louange :

Commencez par louer le Seigneur à tour de rôle. Chaque enfant peut remercier Dieu pour la chose de sa création qu'il apprécie le plus.
Puis, proposez aux enfants de prier à tour de rôle, pour que Dieu les aide à s'appliquer pour accomplir une nouvelle tâche. Par exemple : « Seigneur, s'il te plaît, aide-moi à nettoyer la table avec soin. » ou « aide-moi à bien lacer mes chaussures. »

notes

histoire 2

Le premier péché

(Genèse 3:6) Sujet de la leçon : Je sais dire non

Un verset à apprendre :

Avant tout : veille soigneusement sur ton cœur. (Proverbes 4:23)

Le support visuel de l'histoire :

Posez sur la table, juste en face des enfants, des assiettes remplies de noix, de fruits secs ou de petits gâteaux. Expliquez-leur qu'ils vont pouvoir exercer leur maîtrise de soi et apprendre à dire non, car ils auront des friandises à portée de main mais devront attendre la fin de la leçon pour y goûter. C'est une bonne chose de fixer des objectifs aux enfants. Cela leur donnera une idée claire et concrète de ce que représente la maîtrise de soi et leur apprendra à dire non. Vous pouvez également utiliser un fruit pendant que vous racontez l'histoire : proposez aux enfants de croquer dedans (ou coupez un petit morceau à chacun), en faisant le parallèle avec Adam et Eve qui ont mordu dedans.

Jeu n°1 : Les murs de la ville

Lisez le verset suivant aux enfants : « Un homme qui n'a pas de maîtrise de soi est comme une ville dont les murs sont détruits (Proverbes 25:28).
Expliquez-leur que, par le passé, les villes avaient besoin de murs de protection (des livres contenant des images de châteaux forts et de forteresses pourront vous servir à illustrer cela). La ville se trouvait en danger si les murs s'effondraient. De même, nous nous mettons en danger lorsque nous manquons de maîtrise de soi, ou ne savons pas dire non. Ce jeu peut être réalisé avec un petit groupe. Les enfants bâtissent un grand mur pour leur ville, à partir de boîtes à chaussures ou de boîtes de conservation en plastique, de piles de livres, de coussins, de chaises ou de ce qu'ils ont sous la main. Lorsque le mur est construit, jouez le rôle du méchant qui cherche à entrer de force dans la ville. Expliquez aux enfants que grâce à leur maîtrise de soi, ils sont protégés et hors de danger. Laissez-les ensuite abattre le mur puis, entrez vous-même dans la ville et « capturez » les enfants en les chatouillant jusqu'à ce qu'ils soient tous au sol en train de rire !

Discussion :

Dans quelles situations pouvez-vous être en danger si vous ne savez pas dire non ?
Qu'est-ce qui vous rend forts et vous permet de rester forts ?
Dans quelles circonstances trouvez-vous difficile de vous retenir de faire quelque chose de mal ?

Jeu n°2 : les mimes de la tentation

Écrivez sur des petits morceaux de papier le nom de différentes tentations (par exemple : être insolent, regarder un programme télé qui te fait du mal, manger un gâteau alors que c'est interdit, faire quelque chose que tu ne devrais pas, taper quelqu'un, etc.). Mettez tous les papiers dans une corbeille. Chaque enfant tire à tour de rôle un papier et mime la tentation indiquée. Si l'un d'entre eux devine de quoi il s'agit, alors l'enfant qui a mimé dit haut et fort : « Je dis non à la tentation ». Puis c'est au tour de l'enfant qui a deviné de tirer un papier.

Discussion :

(À prévoir après la leçon, lorsque vous partagez les friandises sur la table.)
De quelle manière avez-vous réussi à vous contrôler ou à résister à la tentation ?
Que faites-vous pour vous éloigner des choses mauvaises que vous ne voulez pas faire ? (par exemple : je détourne la tête, je me rends compte qu'il s'agit d'une tentation, je déclare 1 Corinthiens 10.13, je me distrais avec autre chose, je m'en vais, j'élabore un plan pour éviter la tentation, je chante, je compte jusqu'à 100, je me visualise en train de résister, je me fixe un objectif dans le temps (par exemple, je me dis qu'on va profiter de quelque chose APRÈS la leçon ou à une heure précise tout en gardant un œil sur la montre, etc.)

Activité manuelle n°1 : Le serpent à maillons

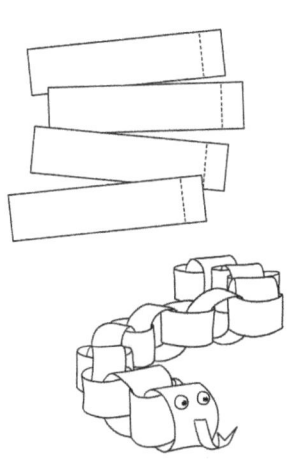

Vous aurez besoin de feuilles de papier vert et jaune. Découpez-y 8 bandelettes de chaque couleur par enfant. Les enfants écrivent au centre de chaque bandelette les mots qui composent le verset: « Garde ton cœur plus que tout autre chose. » (un mot par bandelette)
Ils posent ensuite un point de colle au bout de chaque bandelette, les enroulent les unes dans les autres en alternant les couleurs et de manière à former une chaîne. (voir l'exemple ci-dessous) Décorez le serpent avec des yeux mobiles à coller et du papier rouge pour la langue.

Activité manuelle n° 2 : La porte

Coloriez et découpez la pomme ainsi que la porte selon les contours. Pliez la porte le long des pointillés, appliquez un trait de colle au dos du rabat et collez la porte sur la pomme selon le dessin ci-contre. Lorsqu'ils ouvriront la porte, les enfants se rappelleront le message tout particulier de la leçon du jour.

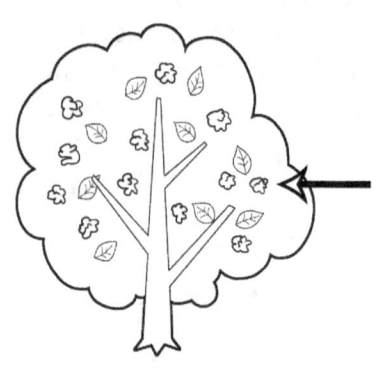

Feuilles d'activité : (La Bible et mes crayons AT)
Page à colorier
Colorie et relie

Idée de prière et de louange :

Confectionnez un arbre selon le modèle ci-contre, à partir de papier vert. Donnez à chaque enfant un petit carré de papier crépon ou de serviette en papier rouge. Du simple papier fera aussi l'affaire. Les enfants le froissent pour obtenir une boulette qui représente un fruit. À tour de rôle, les enfants demandent à Dieu de les aider à dire non, à garder la maîtrise de soi dans un domaine particulier puis collent leur fruit sur l'arbre. L'animateur peut noter le nom de l'enfant sous le fruit si ce dernier le souhaite, pour indiquer qu'il vient de prier.

histoire 3 : Noé obéit à Dieu

(Genèse 6:13-22) Sujet de la leçon : J'obéis

Le verset à mémoriser :

Faites ce qui est bon, ce qui plaît au Seigneur. (Deutéronome 6:18)

Le support visuel de l'histoire :

Illustrez l'histoire en vous servant d'une boîte en carton ou d'une boîte en plastique contenant des figurines d'animaux. Utilisez des cacahuètes et des petits cailloux en guise de nourriture pour les animaux, un drap ou une nappe bleue que vous étendrez sur la table pour l'eau, et des coussins ou des serviettes blanches et grises que les enfants tiendront en l'air. Prenez également sept papiers de couleurs rouge, orange, jaune, vert, bleu clair, bleu foncé et violet. (Des feutres feront aussi l'affaire si vous n'avez pas de papier coloré.) Les enfants les disposeront de manière à former un arc-en-ciel au-dessus de leurs têtes.

Jeu n°1 : Feu rouge, feu vert !

L'animateur se place à un bout de la pièce et les enfants à l'autre bout, contre le mur. L'animateur se tourne face au mur, dos aux enfants et leur donne des instructions en lien avec l'histoire. À chaque instruction et tant que l'animateur a le dos tourné, les enfants avancent d'un ou plusieurs pas vers lui. Au moment de son choix, l'animateur se retourne et les enfants doivent se figer sur place, comme des statues. Voici des exemple d'instructions à donner : « construisez un bateau, agrandissez-le, faites en sorte qu'il soit solide, utilisez du bois de gopher, faites suffisamment de place pour toute la famille et les animaux, emmagasinez beaucoup de nourriture, restez au sec dans le bateau, envoyez une colombe, reposez-vous, nourrissez les animaux », etc.

L'enfant qui parvient le premier au niveau de l'animateur prend sa place et donne à son tour les instructions.

Discussion:

- Que faites-vous lorsque vous ne savez pas comment vous débrouiller tout seul ?
- Pourquoi était-ce si important que Noé obéisse à Dieu?
- Pouvons-nous être en danger si nous n'obéissons pas à Dieu? Pourquoi ?
- De quelle manière Noé se serait-il mis en danger s'il n'avait pas suivi les instructions exactes de Dieu pour construire l'arche ?
- Est-ce toujours facile d'obéir à Papa, à Maman ou au professeur ?
- Quand est-ce facile d'obéir ?
- Quand est-ce plus difficile d'obéir ?
- Comment vous sentez-vous après avoir obéi ?

Jeu n°2 : l'arc-en-ciel se déplace

Disposez des chaises en cercle. Un enfant se tient debout au milieu du cercle et les autres enfants prennent place sur les chaises. L'enfant au centre dit : « Je vois un magnifique arc-en-ciel, et une de ses couleurs est le .....(l'enfant mentionne la couleur de son choix, par exemple le rouge). Alors, tous les enfants qui portent sur eux quelque chose de rouge se lèvent rapidement et échangent leur place avec un autre enfant portant cette même couleur. L'enfant au milieu se précipite pour trouver un siège avant qu'un autre ne le lui prenne. Celui qui ne trouve plus de siège disponible prend la place au milieu du cercle et choisit à son tour une autre couleur : « Je vois un magnifique arc-en-ciel, et une des ses couleurs est le ....». Continuez ainsi le jeu jusqu'à ce que tous aient pu aller au milieu et aient choisi une couleur.

Activité manuelle : un mobile à suspendre

Donnez aux enfants les modèles pour qu'ils les colorient et les découpent. Aidez-les à assembler les différentes parties dans le bon ordre, selon l'exemple ci-contre. Placez les pièces, face visible, sur la table et déposez au dos de chaque pièce une ficelle à l'aide d'un ruban adhésif en commençant par le soleil, l'arc-en-ciel, l'arche, la baleine puis la carte pour le verset. Les enfants pourront emporter le mobile à la maison et le suspendre dans leur chambre.

Feuilles d'activité : (La Bible et mes crayons AT)

Page à colorier
Trouvez la paire

Idées de prière et de louange :

Disposez un tas d'animaux en plastique sur un plateau que vous placerez au milieu des enfants pour qu'ils puissent le regarder attentivement. Retirez discrètement un animal du plateau et demandez aux enfants de deviner de quel animal il s'agit. Celui qui trouve la bonne réponse pourra remercier Dieu pour cet animal et pour une chose particulière que cet animal est capable de faire ou pour ce qu'il aime chez lui. Par exemple : avec un cheval, on peut faire des promenades ; un oiseau siffle de belles chansons, une vache donne du lait, etc.

histoire 4

La tour géante

(Genèse 11:1-9) Sujet de la leçon : Je demeure humble

Le verset à mémoriser :

Dieu s'oppose aux orgueilleux mais il traite les humbles avec bonté. (Jacques 4:6)

Le support visuel de l'histoire :

Proposez aux enfants de construire une grande tour à l'aide de boîtes de différentes tailles et de différentes formes, pendant que vous racontez l'histoire. Des outils tels que des marteaux, des clous ou d'autres objets ne présentant pas de danger pourront également servir à mimer la construction de la tour. Si une personne est disponible pour vous aider, mimez ensemble la confusion liée aux langues. Outils en main, les enfants se demanderont mutuellement de l'aide grâce à un langage inventé. Puis, ils mimeront des actions incohérentes faisant mine de ne pas avoir compris ce qui est demandé. Par exemple, si un enfant demande le marteau ou des briques, son interlocuteur répondra en faisant un saut ou une autre action absurde.

Jeu n°1 : Notre propre faiblesse

L'activité d'aujourd'hui nous apprend à reconnaître nos propres faiblesses et notre besoin de recevoir de l'aide. Dans cette activité, vous confierez des tâches aux enfants tout en sachant qu'ils ne seront pas capables de les accomplir tout seuls (par exemple : soulever la table tout seul, porter dix livres d'une seule main, porter un autre enfant sur le dos, garder la boîte de marqueurs en équilibre sur sa tête, faire le poirier, etc.). Après les avoir laissés essayer d'accomplir ces tâches tout seuls, vous pouvez vous joindre à eux en les aidant à réaliser ce qu'ils souhaitent.

Discussion :

• Seriez-vous capables de faire ces choses tout seuls ? Pourquoi ou pourquoi pas ?

• Que faites-vous lorsque vous avez besoin d'aide ? (Vous demandez à un ami ou à vos parents de vous aider. Vous priez et demandez de l'aide à Dieu.)

• Faut-il demander de l'aide à Dieu même si on est capable de faire quelque chose tout seul ? Pour quelles raisons ? (C'est une preuve d'humilité et une façon de rendre gloire à Dieu pour ce que nous sommes capables d'accomplir.)

- Quelles sont les choses pour lesquelles vous demandez de l'aide à Dieu ? (Par exemple : Seigneur, donne-moi la force de réaliser ce projet. Seigneur, donne-moi de la persévérance quand j'apprends à faire du vélo. Mon Dieu, je sais que tu m'as fait(e). Je sais qu'avec ton aide, je me sentirai mieux aujourd'hui. S'il-te-plaît, aide-moi aujourd'hui à faire mes devoirs, Jésus, etc.).

Jeu n°2 : Dieu bénit les humbles

Pour cette activité, vous aurez besoin de briques de construction en bois pour enfants ainsi que de briques de Lego. Placez-les au milieu de la table, ou par terre. À tour de rôle, les enfants racontent une chose qu'ils ont dite ou faite à la maison ou à l'école, ou une chose qu'ils ont vu d'autres personnes faire (leur frère, leur sœur, leurs parents ou leurs copains). Les autres enfants auront pour rôle de juger s'il s'agit d'une action ou d'une remarque plutôt humble ou plutôt remplie d'orgueil. S'il s'agit de quelque chose d'humble et de rempli d'amour, l'enfant placera une brique de Lego sur sa tour. S'il s'agit d'une action ou d'une remarque pour se vanter et qui est remplie d'orgueil, il y placera une brique en bois. L'enfant suivant fera de même, en plaçant une nouvelle brique sur sa tour. À la fin du jeu, vous découvrirez ce qui arrivera aux tours qu'ils auront construites : les enfants pourront souffler sur leur tour et observer ce qui se passera. Puis, secouez un peu la table ou le tapis pour observer l'effet produit.

Discussion :

- Quelle tour est restée la plus solide ? Et pourquoi ?
- Qu'avez-vous ressenti en écoutant les mots ou les actions remplies d'orgueil ?
- Qu'avez-vous ressenti en écoutant les mots ou les actions remplies d'amour ?
- Lorsque vous êtes fâchés, qu'avez-vous facilement tendance à dire ?
- Lorsque vous êtes de bonne humeur, cela vous donne-t-il envie de faire du bien aux autres ?
- Quels sont les mots qui montrent que je suis humble ?
- À qui vous fait penser l'humilité ?

Activité manuelle : La carte de Babel en relief

Distribuez le modèle à chaque enfant. Ils pourront peindre ou colorier les cartes et les personnages. Les enfants auront ensuite probablement besoin de l'aide d'un adulte pour découper les fentes le long des pointillés. (voir page suivante)

notes

Suivez le modèle en pliant les fentes vers vous puis collez les autres personnages sur les murs de la tour, selon l'exemple ci-contre. Les enfants peuvent alors poser leur carte et se souvenir du verset et de la leçon.

Feuilles d'activité : (La Bible et mes crayons AT)

Page à colorier
Les différentes langues

Idées de prière et de louange :

Jésus nous a raconté une histoire pour nous montrer qu'il existe deux façons de prier :
- Soit jouer la comédie comme le pharisien avec ses habits brillants et colorés qui ressemblaient à un déguisement pour attirer l'attention des gens. Il levait la tête vers le ciel au milieu de la pièce et parlait fort pour que tout le monde l'entende bien et puisse voir combien il était saint.
- Soit être comme le publicain qui portait des habits simples et qui savait qu'il était un pécheur. Il demanda à Dieu de lui pardonner ses erreurs, les larmes aux yeux. Il parla à voix basse pour dire à Dieu combien il regrettait et qu'il voulait vraiment lui plaire.
Demandez aux enfants : « lequel de ces deux hommes était humble devant le Seigneur ? Sur lequel voulons-nous prendre exemple pour prier ? » Les enfants peuvent alors tous s'agenouiller et chuchoter leur prière à Jésus. Tout d'abord en lui disant ce qu'ils ont fait de mal et en lui demandant pardon. Puis, chacun pourra dire à Jésus qu'il l'aime et le remercier pour quelque chose.

histoire 5 — Abraham s'appuie sur Dieu

(Genèse 11:31 - 12:9) Sujet de la leçon : Je m'appuie sur Dieu

Le verset à mémoriser :

Seigneur fais-moi connaître le chemin à suivre, enseigne-moi à vivre comme tu le veux. (Psaume 25:4)

Le support visuel de l'histoire :

Construisez une tente à l'aide de grands draps, de ficelle et de pinces à linge. Commencez à raconter l'histoire à l'intérieur de la tente. Lorsque vous arrivez à la partie où Dieu dit à Abraham de partir vers une nouvelle terre, proposez aux enfants de démonter la tente et de la déplacer vers un autre lieu. Remontez la tente tous ensemble puis démontez-la encore une fois pour entreprendre un nouveau voyage. Ceci jusqu'à ce que Dieu conduise finalement Abraham dans son nouveau pays promis.

Jeu n°1 : Le voyage à l'aveugle

Bandez les yeux à un enfant et demandez-lui de traverser la pièce. Les autres enfants le guideront en lui donnant, à tour de rôle, des indications sur la direction à prendre : « un pas vers la gauche, trois pas devant toi, un peu à droite, maintenant à nouveau vers la gauche, etc. » Assurez-vous, bien sûr, qu'il ne trébuche pas ou ne cogne pas un objet dangereux et qu'il rejoigne l'autre bout de la pièce en toute sécurité, en prévoyant par exemple, des obstacles rembourrés. Une fois que l'enfant a atteint l'autre bout de la pièce, bandez les yeux au suivant. Continuez ainsi jusqu'à ce que tous les enfants qui le souhaitent fassent « le voyage à l'aveugle ».

Discussion :

- Qu'avez-vous ressenti en ne voyant pas où vous alliez ?
- Qu'est-ce qui vous a le plus inquiétés ?
- Qu'est-ce qui vous a mis en confiance et vous a rendu sûrs de vous ?
- Pourquoi pouvons-nous compter sur Dieu de la même manière que vous avez pu compter sur vos amis ?
- Qui connait exactement le chemin que vous devez suivre ?
- Où pouvons-nous trouver les instructions pour savoir comment Dieu veut que nous vivions ?

Jeu n°2 : pas à pas

Placez les enfants en ligne comme pour une course de relais. Découpez les empreintes de pas selon les modèles fournis, et disposez-les aléatoirement au sol devant les enfants.

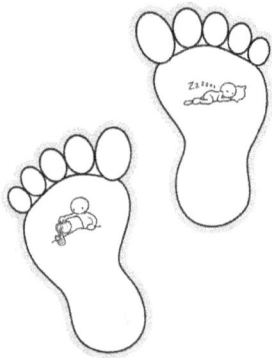

Les empreintes peuvent faire le tour de la pièce ou mener au couloir, à une autre pièce et aussi loin que vous le souhaitez. À tour de rôle, les enfants placent un pied sur une empreinte et suivent le mouvement. Puis, ils passent à l'empreinte suivante tout en suivant toujours le mouvement du groupe, jusqu'à ce qu'ils rejoignent la ligne d'arrivée. Offrez-leur un goûter ou du chocolat comme récompense.

Discussion :

- Avez-vous trouvé cela facile de suivre chaque pas ?
- Étiez-vous capables de voir cinq pas plus loin ?
- Étiez-vous capables de voir uniquement le pas suivant ?
- Vos parents vous expliquent-ils toujours pourquoi il est nécessaire de faire ce qu'ils vous demandent ?
- Ou faut-il parfois obéir sans savoir pourquoi ?
- Faut-il obéir et suivre ce que l'on vous dit, même si vous ne comprenez pas pourquoi ?
- De quelle manière avez-vous été récompensés d'avoir suivi le joueur devant vous dans ce jeu ?
- De quelle manière Dieu a-t-il béni Abraham pour s'être appuyé sur lui ?

Activité manuelle : La valise de voyage

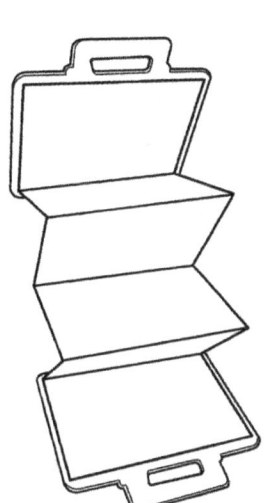

À l'aide des modèles, fabriquez une valise pour qu'Abraham puisse transporter toutes ses affaires durant son voyage vers son nouveau pays. Commencez par personnaliser les deux parties extérieures de la valise avec les couleurs de votre choix, puis découpez-en les contours. Pour créer l'intérieur de la valise, découpez les deux autres modèles. Repliez le long des pointillés pour former un long accordéon. Collez les deux extrémités de cet accordéon aux parties intérieures de la valise, selon l'exemple ci-contre, afin de rassembler les deux parties. Découpez dans des magazines, des objets qu'Abraham aurait pu emporter pour son long voyage, ou dessinez vos propres objets. Vous pourrez les « ranger » dans la valise en les collant sur l'accordéon replié.

Feuilles d'activité : (La Bible et mes crayons AT)

Page à colorier
Trouve le bon chemin

notes

Idées de prière et de louange :

Découpez les modèles de pancartes qui portent les thèmes : eau, terre, ciel. Affichez-les sur trois murs différents de la pièce (un par mur). Les enfants se rassemblent au milieu de la pièce en dansant, en sautant et en bougeant dans tous les sens. Le meneur a les yeux bandés et lorsqu'il donne le signal (en frappant deux fois dans les mains, en sifflant ou en arrêtant la musique), tous les enfants doivent se diriger calmement vers l'un des trois murs. Puis, le meneur annonce un des trois thèmes (eau, terre ou ciel). L'enfant qui se trouve alors le plus proche de la pancarte remercie Dieu pour une chose en lien avec le thème et dont nous dépendons. Par exemple, si le thème « ciel » est annoncé, l'enfant le plus proche de la pancarte « ciel » pourra remercier Dieu pour les nuages parce que sans eux, il n'y aurait pas de pluie ; ou pour les abeilles car nous avons besoin d'elles pour fabriquer du bon miel ; ou pour les avions qui volent dans le ciel car ils nous permettent de voyager vers des endroits lointains, etc.

notes

histoire 6 — Sara attend un bébé

(Genèse 15-17) Sujet de la leçon : Je suis patient(e)

Le verset à mémoriser :

Compte patiemment sur le Seigneur ; fortifie-toi, reprends courage, espère en l'Éternel. (Psaume 27:14)

Le support visuel de l'histoire :

Utilisez des allumettes, des haricots secs, des jetons ou ce dont vous disposez pour compter jusqu'à 99. Cela aidera les enfants à visualiser l'âge qu'avait Abraham lorsqu'il eut son fil, Isaac et toute la patience qu'il lui fallut pour attendre si longtemps. Gardez sous la main un poupon que vous pourrez utiliser lorsque vous parlerez d'Isaac.

Jeu n°1 : Jeux de société

Prenez un moment pour jouer à un jeu de société simple dont vous disposez et qui enseigne la patience alors que les enfants doivent attendre leur tour pour jouer, ou doivent patienter pendant que les autres réfléchissent, ou encore lorsqu'il faut patienter pour gagner, etc.
Les jeux de société sont autant d'occasions de pratiquer la patience, surtout si les enfants sont nombreux à jouer ensemble.

Discussion :

- Qu'avez-vous ressenti lorsque vous deviez attendre votre tour pour jouer ?
- Combien de tours avez-vous joués ? Cela vous a-t-il semblé beaucoup ou peu ?
- Combien de tours ont joué les autres enfants ? Aviez-vous l'impression qu'ils ont joué plus que vous ? Pourquoi pensez-vous cela ?
- Qu'est-ce qui est le plus difficile quand on doit patienter ?
- Quand trouvez-vous que c'est facile de patienter ?
- Que font habituellement les gens pour patienter, d'après ce que vous avez pu observer ?

Jeu n°2 : La chaîne du compte à rebours

Voici une idée d'activité que vous pourrez faire la prochaine fois que vous aurez à patienter, par exemple jusqu'à un grand événement, un anniversaire, une journée spéciale avec des amis, jusqu'au week-end, jusqu'aux vacances scolaires ou pour aller rendre visite aux grands-parents, etc.

Découpez des bandelettes de papier d'une ou plusieurs couleurs. Il vous faudra autant de bandelettes que de jours à patienter jusqu'au jour J. Il pourrait être judicieux de démarrer cette activité dès que vous aurez annoncé l'événement à l'enfant ou dès qu'il sera au courant. Notez sur chaque bandelette une chose à faire pour chaque jour à patienter, ou quelque chose qui rende l'attente plus facile à gérer. Il est important d'impliquer les enfants dans cette étape et de leur permettre également de contribuer aux idées que vous noterez. Puis, agrafez ou collez chaque bandelette après l'avoir enroulée dans la précédente pour former une chaîne et suspendez-la. Expliquez aux enfants que chaque jour où ils sont impatients, ils peuvent aller défaire une bandelette et découvrir l'activité à réaliser ce jour-là. Ils auront ainsi quelque chose de concret à faire pour pratiquer la patience tout en faisant le compte à rebours jusqu'au jour J !

Activité manuelle : la tente d'Abraham

Pour réaliser la tente, découpez le long des contours en gras du modèle, puis pliez en suivant les pointillés comme dans l'exemple ci-contre. Les enfants peuvent peindre ou colorier leurs images ainsi que l'envers du modèle (qui correspond à la face extérieure de la tente) avec le motif coloré de leur choix.
En ouvrant les rabats de la tente, ils auront ainsi une nouvelle occasion de raconter l'histoire avec leurs propres mots et se rappeler leur nouveau verset sur la patience.

Feuilles d'activité : (La Bible et mes crayons AT)

Page à colorier
Quel âge ?

Idées de prière et de louange :

Expliquez aux enfants que Dieu ne répond pas toujours à nos prières de la manière espérée. Parfois, Il dit oui, parfois Il dit non et parfois Il nous demande de patienter.
Formez un cercle et faites circuler un petit jouet ou un escargot en peluche entre les mains des enfants. Si vous n'en avez pas, dessinez-en un ou imprimez-en un. Lorsque l'enfant a l'escargot en mains, c'est à son tour de prier. Il pourra prier ainsi : « Jésus, s'il-te-plaît donne moi de la patience quand j'attends.........(chaque enfant pourra y ajouter ses propres mots ou ce pour quoi il a besoin de patience.), par exemple : son anniversaire, un autre jour spécial ou un événement pour lequel il se réjouit, etc.

notes

histoire 7
Une femme pour Isaac

(Genèse 24) Sujet de la leçon : Je prends l'initiative

Le verset à mémoriser :

Manifestons notre amour, pas seulement en paroles mais en actions. (1 Timothée 6:18)

Le support visuel de l'histoire :

Servez-vous de bouchons, de pierres, de pommes de pin ou de ce dont vous disposez pour illustrer les chameaux. Rassemblez autant de capsules de bouteilles que possible avant la leçon. Pendant que vous racontez l'histoire, demandez à la personne qui vous assiste ou à un enfant de toutes les remplir d'eau, en se servant d'une tasse et de donner à boire à tous les chameaux. Vous remarquerez que c'est un travail laborieux qui demande beaucoup de temps ! (Un fait intéressant à noter : les chameaux sont capables de boire jusqu'à 200 litres d'eau en 3 minutes.)

Jeu n°1 : Jeux de société

Expliquez aux enfants que prendre une initiative, c'est satisfaire à un besoin sans qu'on nous le demande. Utilisez les modèles de cartes que vous aurez découpées au préalable. Vous pouvez également utiliser les modèles vierges pour fabriquer vos propres cartes. Faites un second lot de cartes si le nombre s'avère insuffisant pour en fournir au moins une ou deux par enfant. Il est possible que deux enfants donnent des réponses très différentes avec une même carte.
Disposez les cartes, face cachée, sur la table sous forme de pioche. Le premier joueur ramasse la carte du dessus, la retourne et observe l'image. Puis, il explique aux autres comment il réagirait dans cette situation et quelle initiative il prendrait. S'il arrive à répondre, il garde la carte jusqu'à la fin du jeu. S'il ne sait pas quoi répondre, ce n'est pas un problème. Son voisin peut alors essayer de deviner. Il n'y a pas de bonne ou de mauvaise réponse dans ce jeu. (Cela dépend de ce que l'enfant souhaite répondre.)

Discussion :

- Y avait-il une façon particulière de prendre l'initiative ou existait-il plusieurs façons?
- Prendre l'initiative consiste-t-il à faire toujours la même chose pour les mêmes personnes ?
- Pouvez-vous nommer quelqu'un dans votre famille ou parmi vos amis qui fasse preuve d'initiative ? De quelle manière font-ils cela ?

- Pourquoi prendre l'initiative ou rendre un service rend-il heureux ?
- Dans quelle situation faites-vous facilement preuve d'initiative ? (lorsque vous voulez rendre un service aux autres ou lorsque vous faites des choses pour vous-mêmes?)

Feuilles d'activité : (La Bible et mes crayons AT)

Page à colorier
Qui suis-je ?

Activité créative :

Créez ces deux jolis chameaux grâce aux modèles fournis. Vous aurez besoin de quatre pinces à linge par enfant. Si ne disposez que de peu de temps, les enfants peuvent créer le premier chameau à l'école du dimanche et emporter le matériel pour réaliser le deuxième à la maison. Si certains enfants sont plus rapides que d'autres, ils peuvent déjà commencer à travailler sur leur deuxième chameau ou aider un enfant plus jeune qu'eux.
Les enfants colorient et décorent les deux faces de leur chameau, puis les collent dos à dos, en laissant une petite fente en guise de pochette sur le haut du chameau. Serrez deux pinces à linge sur le chameau pour les pattes. Donnez à chaque enfant la carte avec le verset. Après l'avoir lue ensemble à plusieurs reprises, ils peuvent la plier et la placer dans la pochette du chameau.

Idées de prière et de louange :

Proposez la chose suivante aux enfants : « Nous allons nous entraîner à prendre l'initiative pendant notre moment de prière aujourd'hui. Si vous avez une idée de sujet de prière, levez la main ! »
Puis séparez les enfants en groupes. Chaque enfant qui a levé la main aidera à conduire son équipe dans la prière.

notes

histoire 8

La fourberie de Jacob

(Genèse 25:27) Sujet de la leçon : Je suis honnête

Le verset à mémoriser :

Le Seigneur aime ceux qui disent la vérité. (Proverbes 12:22b)

Le support visuel de l'histoire :

Servez-vous de figurines de personnages (Playmobil ou Lego) pour représenter les trois hommes de l'histoire. Utilisez des lunettes de soleil pour Isaac qui était aveugle ainsi qu'un plateau, un service à thé et des aliments factices.

Jeu n°1 : Course de relais en duo

Organisez une course de relais traditionnelle en l'adaptant à une course à cloche pied ou en pas chassés, etc. Dans cette variante, les enfants se mettront en binômes, en se tenant la main ou en ayant les chevilles liées (la gauche d'un enfant, à la droite de l'autre) à l'aide d'une écharpe ou d'un foulard. Cela vous donnera l'occasion de parler des jumeaux, Jacob et Esaü.

Jeu n°2 : Vérité ou mensonge ?

Expliquez aux enfants que vous allez leur raconter quelque chose, et ils vont devoir vous dire si vous dites la vérité ou si vous mentez. Par exemple : lancez une balle en l'air, rattrapez-la et dites : « j'ai rattrapé la balle ». Demandez-leur si c'est vrai. Puis, caressez-vous le ventre et dites : « je tapote ma tête ». Reposez la même question. Puis, proposez à un enfant, de faire, à leur tour, une action et de poser une question. Vous pouvez aussi poser des questions telles que : « je suis plus grand que mon père », ou « je suis déjà allé dans l'espace » ou vous servir de descriptions. À chaque affirmation, les enfants devront dire si cela est vrai ou faux. Cet exercice les aidera à faire la différence entre l'honnêteté et le mensonge.

Discussion :

- Avez-vous trouvé cela facile de deviner ce qui était vrai ou faux ? Pour quelles raisons ?
- De quelle manière peut-on souvent savoir si une personne ne dit pas la vérité ?
- Dites-vous toujours la vérité ? Quand est-ce que c'est difficile de dire la vérité ?

- Comment vous sentez-vous après avoir menti ?
- Comment vous sentez-vous après l'avoir reconnu et après avoir dit la vérité ?

Activité créative n°1 : Personnages à poser

Servez-vous des modèles de Jacob et Esaü que les enfants pourront colorier et découper. Pliez en suivant les pointillés, et faites-les tenir debout. Les enfants ont à présent leur joli petit personnage, qui les aidera à mettre l'histoire en scène.

Activité créative n°2 : Les roues

Réalisez ces amusantes petites roues, en apprenant de nouvelles choses sur les caractéristiques de Jacob et Esaü. Distribuez les deux modèles aux enfants qui colorieront et découperont les cercles. Grâce à l'aide d'un adulte, ils fixeront l'attache parisienne au centre de la roue. Questionnez-les sur les points précis de la roue pour réviser la leçon. Par exemple : « Qui avait le plus de cheveux ? » Ils chercheront alors la réponse en tournant la roue. Ils seront tout fiers d'avoir pu réaliser ce petit chef-d'œuvre qu'ils pourront emporter à la maison.

Feuilles d'activité : (La Bible et mes crayons AT)

Page à colorier
Que Jacob a-t-il appris ?

Idées de prière et de louange :

Fabriquez des cartes de sujets de prière, en y dessinant des personnages bâtons pour les enfants qui ne savent pas lire, ou en y inscrivant les sujets pour les enfants plus âgés. Cachez-les dans la pièce avant que les enfants n'arrivent, ou pendant que les enfants ont la tête baissée sur la table, les yeux fermés à écouter une chanson. Tous les enfants cherchent une carte puis se rassoient les uns après les autres pour prier pour leur sujet.

notes

histoire 9

Un drôle de rêve

(Genèse 28:10-22) Sujet de la leçon : Je suis encouragé(e)

Le verset à mémoriser :

C'est Dieu qui me donne le courage et la force, et qui me trace un chemin droit. (Psaume 18:32)

Le support visuel de l'histoire :

Utilisez quelques figurines d'anges de noël, ainsi que des Lego ou des briques de construction en bois pour enfants pour que ces derniers puissent construire l'escalier pendant que vous racontez l'histoire. Servez-vous également d'un oreiller et d'une couverture pour mimer Jacob en train de dormir.

Jeu n°1 : Devinez l'action

Un enfant réfléchit à un geste attentionné ou à une bonne action, quelque chose que Jésus voudrait que l'on fasse pour les autres pour se montrer encourageant.
Les enfants miment cette action et les autres devinent ce dont il s'agit. Celui qui trouve la bonne réponse peut à son tour mimer un geste attentionné.

Discussion :

- Est-ce facile de trouver des idées de gestes attentionnés que l'on peut faire pour les autres ?
- Que ressentez-vous quand quelqu'un vous témoigne de la gentillesse ?
- Quelle est la plus belle attention que l'on vous ait témoignée et qui vous ait permis de vous sentir aimés ?
- Quel geste avez-vous témoigné à quelqu'un pour l'encourager ?

Activité créative n°1 : L'escalier des anges

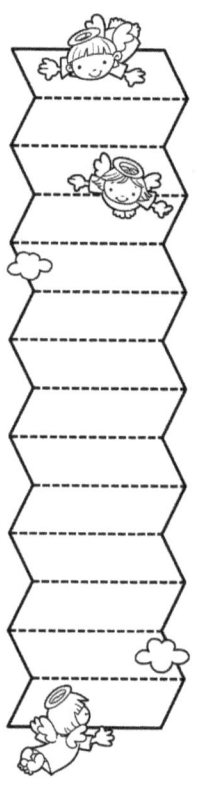

Vous aurez besoin d'une feuille de papier jaune ou d'une feuille dorée pour chaque enfant. Aidez-les à la couper en deux dans le sens de la longueur, repliez chaque partie en accordéon puis collez les deux parties ensemble pour former un long escalier. Les enfants pourront ajouter de la colle et des paillettes ou des autocollants en forme d'étoiles pour donner un effet plus brillant. Coloriez et découpez les anges et les nuages puis collez-les sur l'escalier, comme dans l'exemple ci-contre. Collez la carte avec le verset sur une des marches vides pour que les enfants se souviennent que Dieu nous encourage.

Feuilles d'activité : (La Bible et mes crayons AT)

Page à colorier
En haut des escaliers

Idées de prière et de louange :

Si vous avez un escalier à proximité, prenez un temps dans la prière à cet endroit.
Les enfants se placent en file indienne (deux par marche), et répètent après vous un mot de la prière dès que vous montez ou descendez une marche. S'il y a trop d'enfants pour monter et descendre les escaliers, ils pourront simplement s'asseoir sur une marche pour répéter la prière après vous.

notes

histoire 10

Le manteau multicolore

(Genèse 37) Sujet de la leçon : Je ne me compare pas

Le verset à mémoriser :

Faites tout ce que vous pouvez pour vivre en paix avec tout le monde. (Hébreux 12:14a)

Le support visuel de l'histoire :

Apportez une carton rempli de vêtements de déguisement pour que chaque enfant puisse choisir une tenue colorée qui fera office de manteau multicolore. Si vous n'avez pas de déguisements, vous pouvez également sélectionner des vêtements colorés vous appartenant et dont les enfants pourront se vêtir pendant que vous raconterez l'histoire. Prévoyez aussi un vêtement ou un tissu marron que vous porterez pour parler de la période où Joseph était en prison ou esclave. Il vous faudra aussi des vêtements plus raffinés à porter pour raconter de quelle manière Joseph devint premier ministre d'Égypte.

Jeu : La course aux friandises

En fonction du nombre d'enfants présents et de la place dont vous disposez, vous pourrez faire participer tous les enfants au même jeu, ou les faire jouer par petits groupes, à tour de rôle. Disposez une coupelle de noisettes ou de bonbons sur une chaise au fond de la pièce. De l'autre côté de la pièce, les enfants se tiennent debout en file indienne avec une assiette vide à leur côté. Au signal « partez ! », ils courent vers la coupelle, ramassent une friandise, reviennent en courant pour la déposer dans leur assiette. A n'importe quel moment, le meneur peut faire retentir un coup de sifflet. Si l'enfant n'a pas déposé la friandise à temps dans son assiette, il doit rendre toutes les friandises qu'il a ramassées jusque là. Recommencez le jeu autant de fois que vous le souhaitez.

Discussion :

- Le jeu vous a-t-il paru juste ? Pourquoi ? Pourquoi pas ?
- Est-ce que c'était difficile de se réjouir pour un autre enfant qui a réussi à garder ses friandises alors que vous n'avez pas réussi ?
- La vie peut sembler injuste quand quelqu'un reçoit plus de choses que vous mais Dieu veut que vous soyez heureux avec ce que vous possédez et que vous lui fassiez confiance plutôt que de vous appuyer sur des choses matérielles pour être heureux.

- Avant que les enfants ne repartent, distribuez-leur toutes les friandises restantes.

Activité créative : La poupée en papier

Les enfants colorient et découpent leur personnage de Joseph. Distribuez à chacun un rouleau de papier toilette qu'il collera au dos de son personnage pour qu'il se tienne debout. Si vous n'avez pas suffisamment de rouleaux de papier toilette, la moitié d'un rouleau fera aussi l'affaire. Le modèle du manteau pourra servir de patron pour découper des morceaux de tissus colorés et les coller sur le petit personnage. Revoyez ensemble le verset avant que les enfants ne l'emportent à la maison.

Feuilles d'activité : (La Bible et mes crayons AT)

Page à colorier
Créateur de mode

Idées de prière et de louange :

Remerciez le Seigneur pour une chose qui vous plaît, qu'un ami ou un voisin possède mais que vous n'avez pas vous-mêmes. Par exemple, si la fille à côté de toi a de jolies barrettes dans ses cheveux et que tu n'en as pas, tu peux dire : « Merci Seigneur pour les jolies barrettes mauves que Stella porte, même si je n'en ai pas ». Ou : « Merci Seigneur pour les super chaussures de foot de Jean qui lui donnent une belle allure. » Cela peut aussi s'appliquer à des choses qui ne sont pas forcément matérielles : « Merci Seigneur parce que Pierre est si sportif, alors que moi je ne le suis pas. »

histoire 11 : Une vraie grande sœur

(Exode 1:1, 2, 10) Sujet de la leçon : Je suis responsable

Le verset à mémoriser :

Celui qui est fidèle dans les petites choses le sera aussi dans les grandes. (Luc 16:10)

Le support visuel de l'histoire :

Servez-vous d'un drap ou d'un tissu bleu et entendez-le sur la table pour illustrer le Nil. Prenez une poupée, une petite couverture et un panier ou un récipient qui flottent sur l'eau. Si vous avez un crocodile en peluche, il ajoutera une dose de suspense ! Ramassez quelques feuilles ou des herbes hautes et placez-les devant votre visage pour jouer le rôle de la grande sœur en train de se cacher. Si vous avez une petite couronne de princesse (ou une couronne de galette des rois), une des petites filles peut la porter lorsque vous parlez de la princesse.

Jeu : La corbeille à responsabilités

Découpez et réunissez des images d'objets qui servent à nettoyer et à ranger la maison; qui sont utilisés pour prendre soin du petit frère ou de la petite sœur, ou qui servent à faire la cuisine ou le jardinage, etc. Vous trouverez ces images dans des magazines ou vous pourrez les imprimer depuis l'internet. Placez-les ensuite dans une corbeille.

Pour les enfants les plus âgés : le premier joueur tire une image de la corbeille, sans le montrer aux autres. Les autres joueurs l'interrogent alors pour deviner de quel objet il s'agit. Par exemple : « est-ce un objet utile ? ; est-ce qu'on s'en sert à l'extérieur ? ; est-ce que ça fait du bruit ? ; est-ce que ça sert à fabriquer quelque chose ? ; est-ce que c'est grand ? Est-ce que les enfants peuvent aussi s'en servir comme les adultes ? » Le premier à deviner le nom de l'objet pourra, à son tour, tirer un objet de la corbeille.

Pour les plus jeunes : ils pourront simplement mimer la façon dont on se sert de l'objet, et les autres enfants devront deviner le nom de l'objet.

Discussion :

- Quels sont les objets que vous aimez utiliser pour montrer que vous êtes responsables ?
- Quels objets ne pouvez-vous utiliser qu'après avoir appris à être responsables ? (la voiture, les appareils électriques de la cuisine, la tablette numérique, etc.)

- Pourquoi certaines choses ont-elles besoin d'être manipulées avec soin et avec une attitude responsable ?
- De quelle manière Myriam a-t-elle prouvé qu'elle était une grand sœur responsable ?
- De quelle manière aurait-elle agi, si elle n'avait pas été responsable ?
- De quelle manière pouvez-vous montrer une attitude responsable face aux autres ?
- De quelle manière apprenez-vous à être responsable à la maison ?

Activité créative : Le panier flottant

Réalisez un panier à partir d'un mini pot de yaourt ou de flan. Découpez des bandelettes de papier marron que les enfants colleront sur le pot pour qu'il ressemble à un petit panier. Puis, chaque enfant pourra glisser dans le pot, un petit bout de tissu qui servira de couverture douillette pour le bébé. Les enfants colorieront et découperont leur modèle de « bébé Moïse » et le placeront dans le tissu. Sur les autres modèles, peignez l'eau en bleu et l'herbe en vert puis découpez-les. Pliez l'herbe le long des pointillés et collez les deux modèles d'herbe sur l'eau. À l'aide de ruban adhésif ou de colle, fixez également le panier.

Feuilles d'activité : (La Bible et mes crayons AT)

Page à colorier
Trouve les différences

Idées de prière et de louange :

Invitez chaque enfant à prendre son petit bricolage de « bébé Moïse », à bercer son bébé pour qu'il s'endorme et en même temps à prier après vous : « Seigneur, merci d'avoir protégé Moïse dans le fleuve. Merci parce que ce petit panier ne s'est pas renversé. Merci de ce que la princesse l'ait trouvé et se soit bien occupée de lui. Merci parce que Tu nous protèges tout le temps et Tu prends si bien soin de nous. Aide-nous à grandir et à apprendre à prendre soin de nous, des autres ainsi que des choses qui nous entourent, en apprenant à nous montrer responsables. Amen »

histoire 12 — À travers la mer

(Exode 13-15) Sujet de la leçon : Je fais confiance à Dieu

Le verset à mémoriser :
Rien n'est impossible à Dieu. (Luc 1:37)

Le support visuel de l'histoire :
Pour mettre l'histoire en scène d'une manière amusante, étendez au sol, au milieu de la pièce, deux grands draps bleus ou blancs. Jouez le rôle de Moïse : priez en levant les mains au ciel tout en traversant la pièce sur le « sol asséché » pendant que la moitié du groupe d'enfants écarte les deux draps pour séparer les eaux. Les autres enfants rejoignent Moïse pour traverser la Mer Rouge, en faisant semblant d'être le peuple d'Israël, puis remercient Dieu pour son miracle.

Jeu : La traversée de la mer
Étendez au sol un grand drap bleu au centre de la pièce pour illustrer la Mer Rouge. Remettez à chaque enfant une paire d'empreintes géantes de pieds découpées dans du papier marron. Le but du jeu est de traverser la Mer Rouge (sur le drap bleu) en avançant pas à pas sur les empreintes représentant le sol asséché. Le joueur place un pied sur une des deux empreintes et place la deuxième empreinte devant lui pour y poser le pied suivant. Il continue ainsi en ramassant l'empreinte précédente et en la plaçant devant lui. Deux enfants peuvent jouer simultanément. Si vous avez suffisamment d'empreintes, tous les enfants pourront jouer en même temps.

Discussion :
- Avez-vous trouvé cela facile de traverser la pièce avec vos empreintes ?
- Qu'est-ce qui était facile ou difficile ?
- Vous êtes-vous sentis en sécurité quand vous avez marché sur les empreintes ? Pour quelles raisons ?
- Et si c'était vraiment de l'eau, vous sentiriez-vous toujours en sécurité ? Que serait-il arrivé aux empreintes en papier ?
- De quoi avez-vous parfois peur ou qu'est-ce qui vous inquiète parfois ?
- Pourquoi ne faut-il jamais avoir peur ? À qui appartiennent les grandes empreintes sur lesquelles nous sommes en sécurité ?

Activité créative n°1 : Moïse et la Mer Rouge
(Version simplifiée :)

Coloriez et découpez le modèle de Moïse se tenant sur le sol asséché. Puis, pliez-le le long des pointillés pour qu'il ait l'air de se tenir debout. Si vous disposez de petits galets, donnez-en quelques-uns à chaque enfant qui les collera sur la surface du sol pour donner un effet de relief. Découpez toute une série de fines bandelettes de papier bleu clair et bleu foncé. Les enfants les colleront sur les côtés du modèle du sol asséché pour illustrer la mer qui s'écarte. S'il reste suffisamment de temps, les enfants peuvent faire boucler les bandelettes à l'aide de ciseaux pour leur donner un effet de vagues. Collez la carte avec le verset au centre de la surface du sol et révisez-le avant que tout le monde ne parte.

Activité créative n°2 : Le diorama de Moïse et son peuple
(version difficile :)

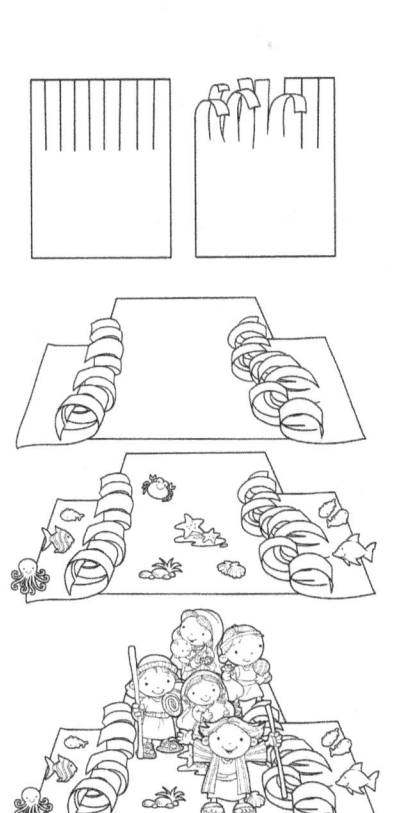

Pour chaque enfant, il vous faudra une feuille de papier bleu format A4 et une feuille cartonnée marron du même format. Pour le marron, vous pouvez utiliser un morceau d'une boite d'emballage ou du carton ondulé. Coupez la feuille bleue en deux, dans le sens de la longueur.
Entaillez des fentes dans le sens de la longueur jusqu'au premier tiers, sur les deux demi-feuilles bleues. Puis, à l'aide de la lame de ciseaux, faites boucler chaque bandelette vers le haut. Collez les deux parties bleues qui illustrent la mer sur chaque côté du carton marron, en prenant soin de laisser un espace au milieu. Coloriez puis découpez les modèles de Moïse et les autres personnages ; repliez les languettes le long des pointillés pour qu'ils tiennent debout et collez-les au centre du papier marron. Coloriez puis découpez les poissons et autres créatures marines, et fixez-les sur l'eau ou la terre à l'aide d'un point de colle.

Feuilles d'activité : (La Bible et mes crayons AT)

Page à colorier
Sois l'artiste

Idées de prière et de louange :

Réfléchissez à six sujets de prière et établissez une liste de un à six. Chaque enfant lance le dé à tour de rôle et vérifie sur la liste, à quel sujet de prière correspond son chiffre. Plusieurs enfants peuvent prier pour un même sujet et commencent à prier dès qu'ils ont trouvé leur sujet.

histoire 13 — Dieu donne les Dix Commandements

(Exode 19-20) Sujet de la leçon : Je respecte les règles de Dieu

Le verset à mémoriser :

Si vous m'aimez, gardez mes commandements. (Jean 14:15)

Le support visuel de l'histoire :

Prenez deux boîtes de céréales de petit-déjeuner dont l'envers est gris ou marron. Défaites chaque boîte puis pliez-la à nouveau sur son côté envers. Collez les côtés à l'aide de colle ou de ruban adhésif. Sur chaque boîte, notez les chiffres de un à dix, cinq chiffres par boîte (utilisez les chiffres romains, si vous préférez). Si les boîtes sont suffisamment grandes, notez-y les commandements de manière simplifiée. Cela servira d'aide visuelle aux enfants pendant la leçon.

Jeu n°1 : Le pendu

Dessinez sur un tableau blanc ou sur une grande feuille de papier, une rangée de tirets correspondant aux lettres qui composent les mots « DIX COMMANDEMENTS ». Notez clairement toutes les lettres de l'alphabet sur le mur ou sur des cartes posées au milieu de la table, de façon à ce qu'elles soient bien visibles pour les enfants. À tour de rôle, les enfants proposeront chacun une lettre qui pourrait faire partie des mots à deviner. Si la lettre proposée fait effectivement partie des mots « DIX COMMANDEMENTS », elle sera notée à son emplacement respectif. Pour chacune des lettres qui n'en fait pas partie, vous tracerez un trait et dessinerez ainsi au fur et à mesure le pendu.

Discussion :

- Est-ce facile de se souvenir des dix commandements ?
- Quel est le commandement le plus facile à retenir pour vous et pourquoi ?
- Lequel est le plus difficile à retenir et lequel trouvez-vous difficile d'obéir, et pourquoi ?
- Pourquoi Dieu a-t-il donné les Dix Commandements ?
- Donnez un exemple de commandement qui est pour notre bien et qui nous permet de ne pas nous mettre en danger.

Jeu n° 2 : Le sac à devinettes

Mettez des objets dans un sac en toile (voir la liste ci-dessous). Démarrez le jeu en posant les modèles des cartes grises des dix commandements sur la table (celles qui contiennent des exemples et des versets). Les enfants glissent la main dans le sac, les yeux fermés et essaient de deviner un objet en le tâtant.

Dès qu'ils ont trouvé, ils peuvent retirer l'objet du sac, le montrer aux autres et le placer à côté du commandement qui, selon eux correspond le mieux à l'objet.
Lisez à voix haute le verset de la carte et l'explication avant de faire jouer un autre enfant. Voici les dix objets que vous pouvez mettre dans le sac :

1. Une médaille de récompense (ornée de son ruban).
2. Un porte-monnaie ou un portefeuille contenant un peu d'argent.
3. Du dentifrice et une brosse à dent.
4. Un calendrier, un parchemin ou un jouet en forme d'église.
5. Un cadre à photo d'une maman et d'un papa.
6. Une épée ou un pistolet en plastique, ou une petite tombe et une croix.
7. Un cœur en papier ou en velours rouge avec une photo de mariés déchirée en deux.
8. Une main découpée dans du papier, avec un bonbon collé dessus.
9. Une ficelle sur laquelle vous aurez fixé des petits rectangles cartonnés où seront notés les mots « mensonge, mensonge, mensonge » chacun écrit plus gros que le précédent.
10. Un bracelet ou autre bijou, et une superbe voiture miniature.

Activité créative n°1 :

Le porte-clés des Dix Commandements

Il vous faudra un porte-clés tout simple par enfant (juste l'anneau ou la boucle d'attache). Servez-vous des modèles des dix cartes des commandements que les enfants colorieront comme ils le souhaiteront, avant de les découper.
Ils pourront faire un petit dessin au dos de chaque carte pour se souvenir de chaque commandement. Une fois les cartes terminées, perforez-les, et glissez-les dans l'anneau du porte-clés pour que les enfants puissent les emporter avec eux tout en les apprenant par cœur et en les mettant en pratique.

Activité créative n°2 :

Les tablettes des Dix Commandements

Afin de réaliser vos propres tablettes des Dix Commandements, découpez les contours en gras des petites tables de pierre et pliez-les le long des pointillés. Collez le dos de chaque tablette au modèle du parchemin, selon l'exemple. Les enfants pourront alors colorier et décorer les petits chiffres et écrire ou illustrer chaque commandement selon ce dont ils se souviennent de la leçon. Terminez en révisant le verset tous ensemble.

Feuilles d'activité : (La Bible et mes crayons AT)
Page à colorier
Remplis avec les mots manquants

Idées de prière et de louange :

Pour ce moment de prière, servez-vous du « sac à devinettes » (voir plus haut, jeu n°2). Si vous avez dans votre groupe plus de dix enfants, remettez les dix objets dans le sac après que les dix premiers enfants aient prié, pour permettre aux suivants de les réutiliser. Chaque enfant tire un objet et prie pour quelque chose en relation avec ce commandement. Si un enfant tire, par exemple, le cadre à photo avec une maman et un papa, il pourra prier ainsi : « Aide-moi Seigneur à obéir et à respecter ma maman et mon papa ». Ou s'il prend la ficelle avec les mots « mensonge, mensonge, mensonge », il pourra dire : « Aide-moi à toujours dire la vérité », etc. Cela vous donnera également une bonne occasion de leur faire réviser ce qu'ils auront appris dans la leçon du jour.

histoire 14 — Une bataille fracassante

(Josué 5, 6) Sujet de la leçon : Je suis bien disposé(e)

Le verset à mémoriser :

Si vous êtes bien disposés, si vous m'écoutez, vous serez grandement bénis. (Esaïe 1:19)

Le support visuel de l'histoire :

Servez-vous d'un rouleau de papier essuie-tout ou d'une bouteille de jus de fruit vide en guise de corne. Préparez de grandes cartes à chiffres (de un à sept) ou prenez des chiffres magnétiques que vous mettrez au tableau blanc ou sur la table. Cela permettra aux enfants de compter avec vous le nombre de jours où les Israélites ont fait le tour de la ville, ainsi que les 7 tours qu'ils ont effectués le dernier jour. Des livres posés debout au milieu de la table vous permettront de simuler une muraille.

Jeu n°1 : Jacques a dit

Ici, on remplace le jeu traditionnel « Jacques a dit » par « Josué a dit ». Les enfants s'alignent au fond de la pièce. À l'autre bout, le meneur donne un ordre : « Josué a dit... » et mime simultanément une action, que les enfants doivent imiter. Attention, lorsque le meneur donne un ordre et mime une action SANS prononcer les mots « Josué a dit », les enfants ne doivent pas répondre à l'ordre sinon ils sont éliminés. Continuez le jeu jusqu'à ce que tous les enfants aient saisi l'idée du jeu, ou jusqu'à ce qu'il y ait un gagnant.

Discussion :

- Faut-il obéir seulement quand on en a envie ?
- Faudrait-il obéir même lorsqu'on en a pas envie ?
- Si quelqu'un vous dit de faire quelque chose de mal, faut-il obéir ? Si oui, pourquoi ? Si non, pourquoi pas ?
- Faut-il obéir même sans comprendre pourquoi on doit faire ce qui est demandé ?
- Comment se sent-on après avoir obéi ?
- S'est-on déjà moqué de vous pour avoir suivi des instructions ou pour avoir obéi à Maman et Papa ?
- Quelles sont les bénédictions qui découlent de l'obéissance ?
- Quelles sont les conséquences qui découlent de la désobéissance ?

notes

Jeu n° 2 : Je suis disposé

Les enfants s'assoient au sol dos contre le mur. L'animateur se tient debout à l'autre bout de la pièce et décrit différentes situations. Si la situation représente une chose positive que les enfants devraient mettre en pratique, ils se lèvent d'un bond et disent « je suis disposé ! ». S'il s'agit d'une chose à ne pas faire, les enfants qui se sont levés font doucement un pas en arrière. (Voici quelques situations dont l'animateur peut s'inspirer : « va au lit à l'heure demandée, va te brosser les dents, dis des gros mots à tes copains, trépigne des pieds quand tu n'es pas content, lis ta Bible, va faire ton lit, prie chaque jour, vole des bonbons, mange des gâteaux en secret, regarde quelque chose chose de mauvais à la télé, va préparer la table pour Maman, appelle Grand-mère pour lui dire bonjour, triche pendant un devoir à l'école, etc...)

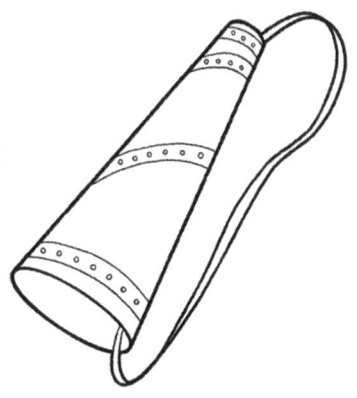

Activité créative n°1 : La corne de Josué

Il vous faudra du papier très résistant ou du carton souple, un ruban, de la ficelle ou d'autres éléments décoratifs tels que des paillettes ou des boutons.
Les enfants commencent par enrouler leur papier pour former un cône et le fixent à l'aide de ruban adhésif. Découpez les bords qui dépassent de manière à obtenir un cône régulier.
Faites passer le ruban ou une ficelle assez épaisse au travers de la corne, et nouez-la pour obtenir une poignée. Les enfants pourront alors décorer leur corne comme ils le souhaiterons de manière élaborée ou de manière plus simple et écriront sur le dessus les mots suivants : « Dieu tient ses promesses ! »

Activité créative n°1 : Les murs de Jéricho

Proposez aux enfants de construire leur petite ville de Jéricho à l'aide d'une petite boite en carton rectangulaire, comme par exemple, une brique de lait vide. Commencez par peindre la moitié supérieure de la boite en bleu, pour le ciel, ou si cela s'avère plus simple, collez du papier bleu sur chaque face. Puis découpez les modèles de nuage qui peuvent être décorés à l'aide de laine de coton, et collez-les sur le ciel. Découpez des rectangles dans du papier rouge ou marron pour les briques, et collez-les tout autour de la boite sur la partie inférieure. Découpez le personnage de Josué, coloriez-le puis collez-le. Enfin, collez la carte avec le verset sur le ciel.

Feuilles d'activité : (La Bible et mes crayons AT)

Page à colorier
Dans le labyrinthe de Jéricho

notes

Idées de prière et de louange :

Distribuez à chaque enfant une tasse ou une carafe qu'il utilisera en guise de « corne ».

Répartissez les enfants en équipes ou en paires, et distribuez un sujet de prière à chaque équipe. Accordez-leur quelques minutes pour réfléchir à leur prière, et s'y entraîner. Lorsque tout le monde est prêt, chaque équipe criera haut et fort sa prière dans sa tasse ou sa carafe. Soyez prêts à entendre les puissants cris de Jéricho !

notes

histoire 15

Une femme s'en va-t-en guerre

(Juges 4-5) Sujet de la leçon : J'aime rendre service

Le verset à mémoriser :

Quoi que vous fassiez, faites-le comme pour le Seigneur. (Colossiens 3.23)

Le support visuel de l'histoire :

Demandez aux filles de se lever et de lire ensemble le verset du jour. Demandez-leur de se mettre debout à chaque fois que vous mentionnerez le nom de Débora. Les garçons se mettront debout quand vous mentionnerez les soldats. Servez-vous d'un balai qui fera office de cheval pour Débora partant à la guerre, et un parapluie vert pour illustrer le palmier sous lequel elle aime s'asseoir lorsqu'elle rend service à son peuple.

Jeu : Questions et actions

Servez-vous de la liste de questions ci-dessous en rapport avec l'histoire, ainsi que de la liste de gages amusants à accomplir. Faites tourner une bouteille en plastique sur elle-même pour définir qui sera le premier à répondre aux questions, et faites de même à chaque tour. Si l'enfant répond correctement, on lui donnera un gage que tous les enfants devront faire ensemble. S'il ne répond pas correctement, il lui faudra accomplir le gage tout seul.

Idées de questions (vous pouvez également créer vos propres questions) :
1. Quel était le métier de Débora ?
2. Qu'est-il arrivé au peuple de Dieu ?
3. Qui Dieu a-t-il choisi pour partir à la guerre ?
4. Pourquoi est-ce Débora qui a mené la bataille plutôt qu'un homme ?
5. Qui a gagné le combat ?
6. Qu'a fait le peuple de Dieu après sa victoire ?
7. Qu'est-ce qu'un juge ?
8. Vers qui se tournent les gens lorsqu'ils ont des problèmes ?
9. Comment te sens-tu quand tu aides les autres ?
10. Dieu souhaite-t-il que nous soyons ses serviteurs et que nous aidions les autres ?
11. Quelles sont les choses que nous pouvons faire pour servir les autres ?

Idées de gages (vous pouvez également ajouter vos propres idées) :

1. Choisis un partenaire. Le premier se couche au sol, et l'autre l'aide à se relever. Répète ce gage en inversant les rôles.
2. Fais quatre sauts en écartant les jambes et en rejoignant les mains au dessus de la tête et envoie un bisou après chaque saut.
3. Tiens ton partenaire par les mains et faites cinq tours ensemble.
4. Sautille sur la pointe des pieds dans la pièce en te prenant pour une petite fée qui sème de l'amour autour d'elle.
5. Fais semblant d'être à cheval et de galoper à toute vitesse pour aller aider quelqu'un dans le besoin.
6. Fais semblant de servir du thé et des petits gâteaux à quelqu'un.
7. Fais semblant d'aider ton père à faire du jardinage.
8. Fais semblant de t'occuper de ton petit frère ou ta petite sœur qui est encore un bébé.
9. Fais semblant de caresser et de nourrir ton chien.
10. Fais semblant de préparer la table.
11. Fais semblant de passer l'aspirateur ou de balayer pour aider Maman.
12. Sors de la pièce puis reviens avec un grand sourire sur le visage.
13. Sors de la pièce puis reviens avec une grimace.
14. Fais semblant d'être Superman qui vole pour aller au secours des gens.

Discussion :

- Avez-vous préféré faire le gage tout seul ou avec les autres ? Pourquoi ?
- Avez-vous aimé faire semblant de rendre service aux autres ?
- Quelles actions avez-vous déjà faites en réalité ?
- Quelles sont les autres actions que vous avez réalisées à la maison pour rendre service aux autres ?
- Qui vous donne la force et la joie nécessaires pour rendre service aux autres ?
- Vous sentez-vous aussi fort et aussi joyeux quand vous faites des choses juste pour vous ?

Activité manuelle : Le palmier de Débora

Rappelez aux enfants que Débora était juge, qu'elle donnait des conseils aux gens et les aidaient à prendre de sages décisions. Elle s'asseyait sous un palmier et priait en demandant à Dieu de lui donner sa force. Donnez à chaque enfant un rouleau de papier essuie-tout (ou enroulez du carton marron et fixez-le à l'aide de ruban adhésif pour former un rouleau).

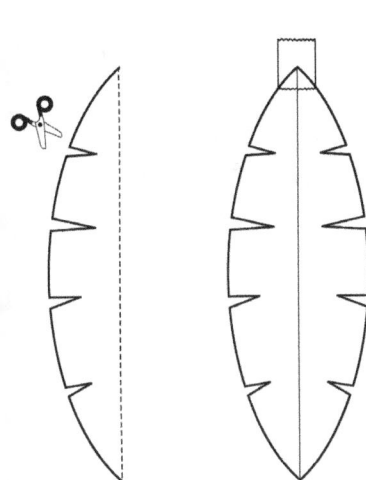

notes

Les enfants pourront alors tracer des petites lignes sur le rouleau à l'aide d'un marqueur marron pour décorer le tronc d'arbre. Après avoir colorié et découpé le personnage de Débora, ils pourront le coller sur le rouleau comme dans l'exemple ci-contre. Prenez le modèle de branche de palmier, tracez les contours sur du papier vert, découpez puis pliez la branche en deux, en y incisant des petites fentes selon l'exemple. Fixez un petit bout de papier adhésif au bout de la branche de palmier et collez-la à l'intérieur du rouleau. Réalisez d'autres branches selon le même modèle. Chaque enfant aura besoin d'environ cinq branches pour son palmier. Collez la carte avec le verset sur le tronc, sur la face opposée de Débora.

Feuilles d'activité : (La Bible et mes crayons AT)

Page à colorier
Vrai ou faux

Idées de prière et de louange :

Proposez aux enfants de prier à tour de rôle et dans l'ordre où ils sont assis, pour un sujet qui commence par la même lettre que leur prénom. Par exemple, si l'enfant s'appelle Marie, elle pourra prier pour des <u>m</u>iracles ou pour <u>M</u>aman.

histoire 16

Une drôle d'idée

(Juges 6-7) Sujet de la leçon : Je suis prêt(e) à m'adapter

Le verset à mémoriser :

Je peux tout faire en Christ qui me donne la force. (Philippiens 4:13)

Le support visuel de l'histoire :

Prenez un coupelle d'eau et montrez aux enfants de quelle manière les soldats ont lappé l'eau avec leurs mains. Servez-vous d'une lampe de poche pour illustrer la torche que Gédéon utilisa. (Prenez soin de fermer les volets ou les rideaux pendant une minute le temps de narrer la scène qui se déroulait la nuit.)

Jeu n°1 : Suivez le meneur

Chaque enfant effectue à tour de rôle une action ou un mouvement que les autres enfants reproduisent tout en se déplaçant dans la pièce. Lorsque le coup de sifflet retentit, un autre enfant prend la place du meneur. Expliquez aux enfants qu'un bon meneur est celui qui sait avant tout suivre et obéir. Être capable de suivre et d'obéir demande à ce que l'on soit flexible. La capacité de vos enfants à s'adapter à différentes personnes, différentes façons de penser ou différents styles sera un avantage pour eux tout au long de leur vie.

Discussion :

- Avez-vous trouvé cela facile de changer à chaque fois de meneur ?
- Quand avez-vous suivi le meneur ? Lorsqu'il faisait ce qui vous semblait juste ? Ou lorsqu'il n'agissait pas correctement ?
- Qu'avez-vous fait lorsqu'il n'agissait pas correctement ?
- Quel meneur choisissez-vous alors de suivre ?
- Vous arrive-t-il parfois de penser à ce que vous avez envie de faire et avez-vous des projets pour votre journée ?
- Les choses se passent-elles habituellement exactement comme vous l'aviez prévu ? Si oui, pourquoi, si non, pourquoi pas ?
- Que se passe-t-il lorsque les projets changent ? Quelle leçon pouvez-vous en tirer ?

Jeu n° 2 : Monsieur Ficelle et Monsieur Élastique

Afin de bien expliquer aux enfants ce que c'est que d'être flexible, aidez-leur à transposer cela dans la vraie vie. Il vous faudra un élastique en caoutchouc, et une simple ficelle ou un lacet de chaussure.

Racontez alors l'histoire suivante en utilisant ces deux exemples : « Il était une fois Monsieur Élastique et Monsieur Ficelle. (Donnez-leur des noms amusants ou des noms auxquels ils pourront s'identifier.)
Quand quelqu'un demanda à Monsieur Ficelle s'il voulait du jus de pomme, il fut tout à fait d'accord. Mais ce n'était pas toujours facile pour lui de changer d'avis ou de changer ses plans. Il aurait préféré choisir une glace. » Montrez aux enfants combien c'était difficile pour Monsieur Ficelle de s'étirer pour aller plus loin que prévu, et atteindre le jus de pomme. Faites-lui plutôt prendre la direction opposée vers le magasin de glaces.
« Un jour, quelqu'un demanda à Monsieur Élastique s'il avait envie de monter jusqu'au sommet d'une montagne. Même s'il avait d'autres plans et préférait aller à la plage, il se montra flexible et décida de ne pas aller à la plage comme prévu. Il savait qu'être avec ses amis, c'était toujours mieux que d'être seul. Alors il s'étira depuis la plage (une partie de lui voulait être là car il aimait aller à la plage) pour atteindre la montagne et passer sa journée avec ses amis. »
Tenez un bout de l'élastique vers le bas (la plage), et étirez-le vers le haut (la montagne qui pourrait être illustrée par un livre ou un objet posé sur la table). Les enfants verront ainsi que lorsqu'on est flexible, on peut apprécier et découvrir plein de nouvelles choses nouvelles que l'on n'imaginait pas.

Discussion :

- Vous est-il déjà arrivé de vous comporter comme Monsieur Ficelle ?
- Quand vous est-il déjà arrivé d'être comme Monsieur Élastique ?
- Dans quelle situation étiez-vous le plus à l'aise ?
- Quelle situation vous a rendu heureux au bout du compte ?

Activité manuelle : La torche

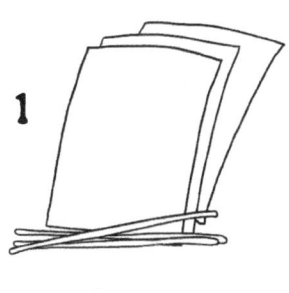

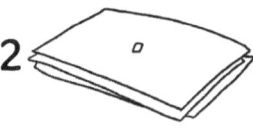

Pour chaque enfant, vous aurez besoin de : un rouleau vide de papier essuie-tout, trois feuilles de papier feutre (du papier traditionnel fera aussi l'affaire) : rouge, orange et jaune. Il vous faudra également trois fils de fer chenille : rouge, orange et jaune. Faites une incision au centre de chaque feuille de papier feutre (1), glissez-y les fils chenille (2) que vous tortillerez sur le dessus (3). Mettez un peu de colle à textile ou de colle à bois entre les différentes couches de papier feutre pour qu'elles restent bien fixées entre elles. Faites une incision dans le sens de la longueur sur la partie basse du rouleau puis enroulez une partie sur l'autre de manière à ce que le bout devienne plus fin. Fixez à l'aide de ruban adhésif marron pour faire tenir le tout.

4

notes

Puis, rassemblez les papiers feutre d'une main et glissez-les dans le rouleau. Fixez avec de la colle (4). Les enfants termineront ce bricolage en décorant ou peignant leur torche. Collez la carte avec le verset sur la poignée de la torche. « Je peux tout faire en Christ qui me donne la force. »

Feuilles d'activité : (La Bible et mes crayons AT)

Page à colorier
Les mots de l'histoire

Idées de prière et de louange :

Les enfants se serviront de leurs torches pour prier. Dès que l'animateur terminera une phrase de sa prière, ils crieront « Amen ! » en levant leurs torches. L'animateur continuera avec une autre phrase et les enfants crieront à nouveau « Amen ! » jusqu'à ce que la prière soit terminée.

histoire 17 — L'homme le plus fort

(Juges 13, 16) Sujet de la leçon : Je prends de bonnes décisions

Le verset à mémoriser :

Si quelqu'un ne sait pas quoi faire ni comment le faire, qu'il demande à Dieu et Dieu lui montrera. (Jacques 1:5)

Le support visuel de l'histoire :

Faites intervenir un homme costaud ou un jeune homme pour jouer le rôle de Samson. Demandez-lui de porter un livre, puis une chaise, puis un enfant d'une seule main. Demandez-lui alors d'essayer de vous porter, et tous éclateront de rire. Si vous disposez d'une perruque à cheveux longs, il pourra la porter.

Jeu n°1 : Les trois solutions

Séparez les enfants en trois groupes. Le premier s'écriera « Arrête ce que tu es en train de faire et prie ! ». Le deuxième dira « Demande de l'aide aux autres », et le troisième « Fais confiance à Dieu pour te donner la solution ». Réfléchissez à une liste de questions que vous poserez à tout le groupe. Chaque groupe clamera ensemble la réponse qui lui a été attribuée s'il pense que c'est la bonne réponse. Il peut y avoir plusieurs bonnes réponses pour une même question. Ce jeu peut aider à se souvenir de ce qu'il faut faire lorsque l'on ne sait pas comment agir dans une situation, et ainsi prendre des décisions sages dans la vie de tous les jours.

Quelques exemples de questions :
1. Que devrais-tu faire si tu ne trouves pas ta chaussette ?
2. Que devrais-tu faire si tu n'arrives pas à avancer dans tes devoirs ?
3. Que devrais-tu faire si tu es malade et que tu ne peux pas aller jouer avec tes copains aujourd'hui ?
4. Que devrais-tu faire si tu ne sais pas quel goûter choisir ?
5. Que devrais-tu faire si tu es au lit et que tu n'arrives pas à dormir ?
6. Que devrais-tu faire si tu t'ennuies ?
7. Que devrais-tu faire si tu n'arrives pas à atteindre quelque chose qui est trop haut pour toi ?

Discussion :

- Que ressentez-vous lorsque, dans une situation, vous ne savez pas comment agir ?
- Quelle impression cela fait-il de savoir que vous avez toujours quelqu'un sur qui compter pour vous aider ?

- Laquelle des réponses des trois groupes est celle que vous mettez le plus souvent en pratique ? Laquelle est la plus efficace pour vous ?

Jeu n° 2 : Les dominos

Demandez aux enfants d'aligner une file de dominos (ou plus, si vous en avez suffisamment). Lorsqu'ils sont tous debout, poussez le premier vers les suivants et observez de quelle manière tous les dominos vont tomber les uns après les autres.

Discussion :

- Pourquoi les dominos ressemblent-ils aux décisions que nous prenons ?
- Si nous prenons de bonnes décisions, sommes-nous heureux ? Les autres personnes autour de nous sont-elles, elles aussi, heureuses ?
- Et si nous prenons de mauvaises décisions ? À qui faisons-nous du mal ?
- Devrions-nous demander à Dieu de nous aider à prendre des décisions ?
- Qui a une histoire ou un témoignage à partager à ce sujet ?

Activité manuelle n° 1 : Le petit livret des bonnes décisions

Utilisez, pour chaque enfant, le modèle de pages du petit livret. Découpez les pages, et agrafez-les ensemble. Les enfants peuvent colorier et décorer la couverture de leur petit livre. Encouragez-les à emporter leur livret à la maison et à faire un dessin illustrant les bonnes décisions qu'ils prennent et les bonnes conséquences qui en découlent. Puis, proposez-leur de rapporter leur livre une ou deux semaines plus tard, pour parler aux autres de leurs bonnes décisions, tout en partageant un bon goûter !

Activité manuelle n° 2 : La roue de Samson

Les enfants colorient les modèles et les découpent le long des traits gris. Ils auront sans doute besoin d'un peu d'aide pour découper le demi-cercle interne de la roue.
Superposez le cercle découpé sur le cercle avec les deux petites têtes, et fixez-les à l'aide d'une attache parisienne. Les enfants peuvent raconter à nouveau de quelle manière Samson était fort lorsqu'il écoutait Dieu, et quand ses cheveux étaient longs. Lorsqu'il prit des mauvaises décisions, on lui coupa les cheveux, et il devint faible. Collez le verset à découper au dos de la roue pour le réviser ensemble.

Feuilles d'activité : (La Bible et mes crayons AT)

Page à colorier
Ça vient d'où ?

Idées de prière et de louange :

Prenez trois enveloppes ou trois corbeilles où seront marqués : « Merci ! », « Pardon ! » et « S'il te plaît ! ». Distribuez à chaque enfant trois morceaux de papier blanc pour qu'ils y dessinent leurs prières. Ils pourront dessiner une chose pour laquelle ils souhaitent remercier Dieu, puis une chose qu'ils regrettent d'avoir fait et enfin, une chose qu'ils aimeraient demander à Dieu. Puis, ils déposeront chaque papier dans la corbeille ou dans l'enveloppe adéquate. N'oubliez pas de vérifier le contenu des enveloppes de temps en temps, ou quelques semaines plus tard pour partager ensemble la joie des prières exaucées.

notes

histoire 18
En glanant les épis

(Livre de Ruth) Sujet de la leçon : Je suis fidèle

Le verset à mémoriser :
L'homme fidèle sera comblé de bénédictions. (Proverbes 28:20)

Le support visuel de l'histoire :
Déguisez-vous en Ruth à l'aide, par exemple, d'une robe et d'un foulard et en portant des sacs en tissu en guise de bagages. Prenez avec vous une corbeille de grains de blé, ou de plants de blé si vous en trouvez, ou quelque chose de ressemblant.

Jeu : Les moissonneurs et les glaneurs
L'animateur dépose plein de grains de blé au sol. Vous pouvez vous servir des modèles fournis si vous le souhaitez ou fabriquer les vôtres à l'aide de papier jaune. Mettez de la musique et pendant ce temps, les enfants ramassent et glanent le blé dans toute la pièce. Lorsque la musique s'arrête, les enfants se figent sur place. Remettez la musique et les enfants continuent à glaner. Poursuivez ainsi jusqu'à ce qu'ils aient ramassé tout le blé. Une fois terminé, partagez ensemble une miche de pain à base de blé, ou un gâteau.

Discussion :
- Que feriez-vous si vous deviez, chaque jour, partir à la chasse et à la recherche de votre nourriture ? Est-ce que ce serait difficile ?
- Est-ce que vous seriez affamés ?
- Et si vous n'aviez que du blé à manger, au petit-déjeuner, au déjeuner et au dîner ?
- Qui va chercher ce que vous mangez ? Et qui cuisine les aliments pour vous ?
- A-t-on déjà oublié de vous faire à manger ? Si ce n'est pas le cas, c'est qu'on a été fidèle envers vous !
- Que fait-on d'autre pour vous chaque jour ?
- Quelles actions faites-vous fidèlement ? Pour vous-mêmes ? Pour vos parents ? Pour les autres ?
- Pensez-vous que les autres vous apprécient quand vous êtes fidèles ?

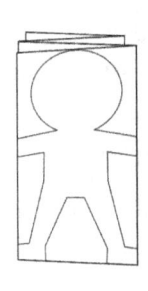

Activité manuelle : Le paysage de Ruth

Proposez aux enfants de fabriquer la carte à poser de l'histoire de Ruth, en coloriant et découpant le personnage, le paysage et les éléments de décor. Pensez à bien découper le long des lignes grises et à replier le long des pointillés. Fixez le personnage et les éléments de décor sur le paysage à l'aide d'un peu de colle, selon l'exemple ci-contre.

Feuilles d'activité : (La Bible et mes crayons AT)

Page à colorier
Les épis de blé

Idées de prière et de louange :

Découpez à l'avance, pour chaque enfant, les personnages en accordéon. Les enfants pourront y inscrire le nom des membres de leur famille (Papa, Maman, frères et sœurs). Puis, ils y noteront ou dessineront un petit sujet de prière pour chaque personne, tout en priant pour elle.

notes

histoire 19
Dieu soit loué !

(1 Samuel 1,2) Sujet de la leçon : Je loue le Seigneur

Le verset à mémoriser :

Entrez dans son temple en disant merci, dans ses cours en chantant sa louange. (Psaumes 100:4)

Le support visuel de l'histoire:

Servez-vous d'un foulard pour jouer le rôle d'Anne, tout en racontant l'histoire et d'une poupée pour le petit Samuel.

Jeu : Fais passer la balle

Pour ce jeu, vous aurez besoin d'une balle ou d'un petit animal en peluche. Les enfants s'assoient en cercle, et font circuler la balle d'un enfant à l'autre. Lorsque la musique s'arrête ou que le meneur frappe des mains, l'enfant qui a la balle en main fait la statue et loue le Seigneur pour le sujet de son choix.

Discussion :

- Avez-vous aimé que la balle arrive entre vos mains ?
- Comment vous sentez-vous lorsque vous vous arrêtez de louer Dieu ?
- A quels moments de la journée prenez-vous le temps de louer Dieu ?
- Y a-t-il certains jours particuliers où vous le faites plus que d'habitude ? Pourquoi cela, et quand ?
- Lorsque nous prions et demandons quelque chose à dieu, que fait-Il ? (Il écoute et aime répondre à nos besoins, et parfois même aux choses que nous désirons.)

Activité manuelle : Les mains jointes

Coloriez et décorez les modèles d'images. Découpez le modèle de mains le long des lignes grises, puis repliez le long des pointillés pour que les mains se rejoignent (1). Découpez le personnage d'Anne en train de louer Dieu, pliez-le en deux le long des pointillés et collez-le à l'intérieur de la carte où se trouvent les mains, selon l'exemple ci-contre (2). Découpez le personnage d'Anne avec son bébé et collez-le sur la face externe du rabat, comme indiqué dans l'exemple ci-contre (3).

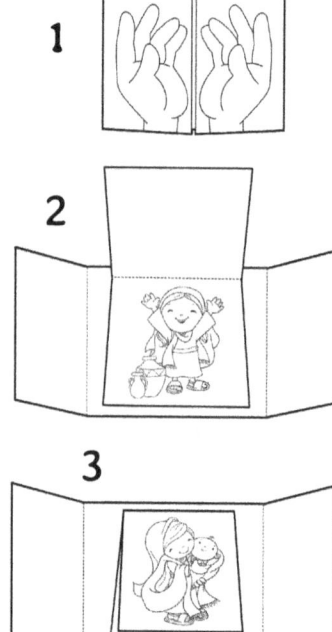

Les enfants pourront ainsi raconter à nouveau l'histoire d'Anne qui prie (en se servant des mains jointes), puis en ouvrant les mains pour découvrir de quelle manière Dieu a répondu à sa prière. Qu'a fait Anne par la suite ? Ouvrez le rabat pour le découvrir.

Feuilles d'activité : (La Bible et mes crayons AT)

Page à colorier
Trouvez l'identique

Idées de prière et de louange :

Distribuez à chaque enfant une bandelette de papier coloré et proposez-leur d'y noter ou d'y dessiner un sujet de reconnaissance, ou un sujet pour lequel ils aimeraient louer Dieu. À tour de rôle, ils pourront présenter leur sujet à Dieu dans la prière. Dès qu'un enfant a terminé sa prière, reliez sa bandelette de papier à la précédente. Ils auront ainsi réalisé ensemble une chaîne de prières décorative que vous pourrez accrocher dans la pièce pour ne pas oublier tous leurs sujets de reconnaissance envers Dieu.

histoire 20 : Parle Seigneur, je t'écoute

(1 Samuel 3:1-19) Sujet de la leçon : J'écoute attentivement

Le verset à mémoriser :

J'écouterai ce que dit Dieu. (Psaume 85:8a)

Le support visuel de l'histoire :

Rassemblez des petits objets ou des animaux qui font du bruit, comme par exemple un chien, un chat, un agneau, un oiseau, une radio, une guitare, un tambour, un mixer, une télécommande, un téléphone etc. Présentez des objets aux enfants, au fil de l'histoire et les enfants répéteront alors : « Chut, petit agneau, c'est le moment de prier ! », ou « Chut, petite guitare, c'est le moment de prier ! », « Chut petite radio, c'est le moment de prier », etc. Les enfants pourront ainsi voir de quelle manière nous faisons silence lorsque c'est le moment de prier et comment écouter ce que Dieu veut nous dire. Utilisez un oreiller et une couverture pour jouer l'histoire de Samuel.

Jeu n°1 : Faire silence pour écouter

Les enfants s'installent et se cachent les yeux. Demandez à un volontaire de se déplacer d'un endroit à l'autre dans la pièce. Il signale alors sa présence en disant : « Je me trouve ici. » Chaque enfant pointe alors son doigt dans la direction d'où vient la voix, tout en gardant les yeux fermés. Celui qui parvient à désigner le bon endroit ou l'endroit le plus proche de la cible prend la place volontaire. Poursuivez le jeu tant que les enfants s'amusent bien et parviennent à comprendre ce que signifie rester vraiment silencieux pour écouter attentivement.

Discussion :

- Avez-vous trouvé facile d'entendre la personne qui signalait sa présence ? Si oui, pourquoi et si non, pourquoi pas ?
- Quelle personne est toujours avec nous et aime nous parler ?
- Est-ce possible d'être attentif et à l'écoute de Dieu à n'importe quel moment de la journée ?
- Quand est-ce que ça peut être difficile de l'écouter ?
- Quand est-ce que c'est le plus facile de l'écouter ?

Jeu n°2 : Le téléphone arabe

Les enfants s'installent en cercle. Le premier chuchote une phrase inventée dans l'oreille de son voisin. Il n'a le droit de prononcer la phrase qu'une seule fois.

Ce dernier répète exactement ce qu'il a entendu à l'enfant suivant et ainsi de suite jusqu'au dernier qui annonce à haute voix ce qu'il a entendu.
Répétez le jeu une deuxième fois en ajoutant un bruit de fond dans la pièce (de la musique, du papier que l'on manipule, des chaises que l'on déplace) puis demandez aux enfants ce qu'ils ont entendu.

Discussion :

- Avez-vous trouvé facile d'écouter et de comprendre la phrase lorsqu'il y avait le silence autour de vous ?
- Qu'avez-vous ressenti quand il y avait du bruit dans la pièce ?
- Est-ce que vous préférez entendre les messages que Dieu vous donne de manière bien claire ou en étant gênés par un bruit de fond ?

Activité manuelle : Des oreilles attentives

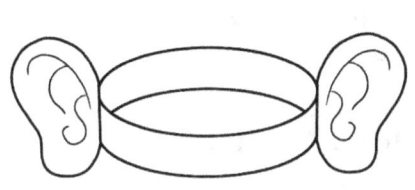

Servez-vous du modèle des grandes oreilles. Proposez aux enfants de les coloriez ou de les peindre et de les découper le long des traits gris. Puis, découpez une bandelette de papier coloré pour créer un bandeau, selon la dimension du pourtour de la tête de l'enfant. Collez les oreilles sur les côtés à l'aide de ruban adhésif, selon l'exemple ci-contre. Les enfants pourront s'entraider. Notez le verset sur la partie avant du bandeau, ou collez-y la carte avec le verset puis récitez-le ensemble avant de rentrer à la maison.

Feuilles d'activité: (La Bible et mes crayons AT)

Page à colorier
Qu'a fait Samuel ?

Idées de prière et de louange :

Avant de commencer à prier, faites à nouveau intervenir quelques animaux ou objets qui font du bruit pour leur dire « chut », comme durant la narration de l'histoire.
Répétez ensuite ensemble : « Chut, petit(e) ... (chaque enfant ajoutera son prénom), c'est le moment de prier ! »
Les enfants s'assoient dans le calme et prient en fonction des bruits qu'ils entendent. Voici quelques idées : si un enfant tousse, vous pouvez prier pour sa guérison ; si vous entendez un oiseau chanter, remerciez Dieu pour les oiseaux ; si vous entendez un bébé pleurer, demandez à Dieu que l'on prenne bien soin du bébé et qu'il soit heureux ; si vous entendez une horloge, demandez à Dieu de vous aider à toujours être à l'heure ; si vous entendez le bruit d'une voiture, demandez à Dieu de vous protéger quand vous vous déplacez en voiture, etc.

histoire 21 — Un petit berger

(1 Samuel 16) Sujet de la leçon : Je prends soin des autres

Le verset à mémoriser :

Quand tu peux le faire, fais du bien à celui qui a besoin d'aide. (Proverbe 3.23)

Le support visuel de l'histoire :

Les éléments suivants vous serviront à illustrer l'histoire : des boules de coton blanc pour les brebis, un drap ou un tissu vert pour les pâturages et un tissu fin ou du papier bleu pour le ruisseau. Vous pouvez fabriquer des marionnettes-chaussettes ou des masques pour jouer les animaux sauvages. Les enfants aiment jouer à faire semblant. Vous pouvez également leur donner un petit bâton ou une branche en guise de bâton de berger qui leur servira à rechercher leur brebis.

Jeu n°1 : Le jeu de société du loto

Découpez les cartons de jeu du psaume 23 (n'hésitez pas à en faire des copies si nécessaire), ainsi que les petites cartes avec les versets et celles avec les moutons.
Distribuez un carton de jeu à chaque enfant. L'animateur tire la première carte de sa pile et lit à voix haute le verset tout en montrant la carte aux enfants (pour les plus grands, vous pouvez vous contenter de lire le verset de la carte et voir si les enfants parviennent à deviner à quelle image elle correspond).
Lorsqu'un enfant pense que la carte appartient à son carton de jeu, il lève la main. Si c'est effectivement le cas, il peut placer une petite « carte mouton » sur l'image correspondante de son carton. Le vainqueur est celui qui parvient le premier à remplir tout son carton.

Jeu n°2 : Je me cache et j'écoute

Les enfants se cachent dans la pièce ou dans le jardin (vous pouvez faire ce jeu à l'extérieur), en faisant semblant d'être des brebis. Un enfant est désigné pour jouer le rôle du berger, et appelle un des enfants par son nom. Celui-ci, telle une brebis obéissante et à l'écoute, accoure auprès du berger et lui dit : « Me voici, tu m'a appelé(e) ! » C'est ensuite au tour de cette brebis de jouer le rôle du berger et d'appeler une autre brebis cachée.

Discussion :

• Qu'avez-vous ressenti quand votre brebis est venue rapidement ?
• Qu'avez-vous ressenti quand votre brebis n'a pas écouté et n'a pas obéi ?
• Qu'auriez-vous fait si elle n'avait pas pu venir tout de suite parce qu'elle était en danger et qu'elle avait besoin d'aide ?
• Que feriez-vous si votre brebis était en danger ?
• De quelle manière les autres prennent-ils soin de vous quand vous êtes malades ou que vous avez besoin d'aide ?

Activité manuelle : Le livret d'activité

Perforez des trous et faites-y glisser un ruban pour rassembler les différentes feuilles en livret.
Chaque enfant pourra ainsi travailler dans son propre livret en coloriant les lettres qui forment les versets puis en suivant les instructions sur chaque page.

Feuilles d'activité : (La Bible et mes crayons AT)

Colorie la page
Sois l'artiste !

Idée de prière et de louange :

Dessinez des petits moutons sur le tableau blanc, un par enfant. Puis demandez à toutes les « petites brebis de Dieu » quel genre d'aide il leur faut et si elles ont besoin que l'on prenne soin d'elles. Sont-elles malades ? Ont-elles peur ou y a-t-il quelque chose qui les inquiète ? Ont-elles besoin d'aide pour apprendre quelque de nouveau ? Notez leurs noms sur un mouton au fur et à mesure que les enfants expriment leurs demandes dans la prière. Quand chacun a prié, faites une prière globale en demandant à Dieu de répondre à chaque demande. Puis dessinez un visage joyeux sur chaque mouton pour montrer que Dieu les a entendus, qu'Il les aime, qu'Il prend soin d'eux et qu'Il répondra à Sa manière, qui est la meilleure.

notes

histoire 22 — Face au géant

(1 Samuel 17) Sujet de la leçon : Je suis courageux(se)

Le verset à mémoriser :

Sois fort et courageux, n'aie pas peur, car Dieu marchera avec toi. (Deutéronome 31.6)

Le support visuel de l'histoire :

Demandez à un adulte de se porter volontaire pour jouer le rôle de Goliath, et à un enfant pour le rôle de David. Cela permettra aux enfants de se rendre compte de façon concrète de la différence de taille entre les deux. Servez-vous d'un costume de chevalier ou de guerrier pour raconter la partie où David essaie l'armure du roi Saül. Réunissez des petites pierres ainsi qu'un long morceau de tissu pour la fronde afin que les enfant visualisent de quelle manière David a pu s'en servir.

Jeu : Le défi de David

Distribuez à chaque enfant, quelques feuilles d'un vieux journal ou d'un magazine. Demandez-leur de les froisser pour les transformer en une balle aussi ronde que possible. Fixez une cible au mur (une assiette en papier par exemple) suffisamment haut et loin pour que le jeu relève du défi. Décidez d'une ligne imaginaire derrière laquelle tous les enfants doivent se placer en file indienne. Puis, à tour de rôle, les enfants lancent leur « pierre bien lisse » de toutes leurs forces en tentant de viser l'assiette. S'ils échouent, ils retournent au bout de la file pour recommencer. Ce jeu sera un bon moyen pour que les enfants se dépensent. Cela leur permettra aussi de réaliser que David a relevé un gros défi et qu'il n'aurait pas pu le faire sans la puissance de Dieu.

Discussion :

• Avez-vous trouvé le jeu plutôt facile ou plutôt difficile ?
• Qu'est-ce qui vous aurait aidé à toucher l'assiette du premier coup ?
• Qu'avez-vous ressenti lorsque vous avez échoué ?
• À quoi vous fait penser l'histoire de David et Goliath ?
• Que faites-vous si vous êtes face à quelque chose qui est trop difficile à accomplir tout seul ? Vers qui vous tournez-vous pour obtenir de l'aide ? Vers qui s'est tourné David pour trouver de l'aide?

Activité manuelle : Un sac rempli de courage

Vous aurez besoin de tissu marron ou beige (ou d'un vieux drap) ainsi que d'une ficelle fine ou d'un ruban (environ 40 cm par enfant). Découpez un cercle pour chaque enfant dans le tissu marron. Distribuez-leur les modèles de « pierres bien lisses », ainsi que la carte avec le verset qu'ils pourront découper et colorier. Rappelez-leur que David a aussi ramassé cinq pierres lisses pour les placer dans sa fronde. Mais pour ce jeu, ce sont les lettres qui composent le mot COURAGE qui représentent les pierres. Les enfants peuvent s'amuser à les placer dans le bon ordre pour épeler le mot. Montrez alors aux enfants de quelle manière disposer leurs pierres et leurs cartes avec le verset au centre du tissu. Rassemblez les bords pour obtenir un petit paquet et fermez-le à l'aide d'un élastique. Nouez le ruban autour de l'élastique pour décorer le sac. Les sacs sont alors prêts à être emportés à la maison pour se souvenir d'être courageux.

Feuilles d'activité: (La Bible et mes crayons AT)

Page à colorier
Questions et réponses

Idée de prière et de louange :

Préparez à l'avance une pierre pour chaque enfant. Déposez-les toutes, pendant le temps de prière, dans une corbeille au milieu de la table ou au sol. Préparez également les mains avec les mot DIEU écrit dessus, selon le modèle fourni. Au début de votre temps de prière, chaque enfant prend une pierre et y inscrit son nom ou ses initiales (un marqueur permanent est ce qui fonctionnera le mieux). Les enfants pourront, à tour de rôle, parler à Dieu d'une chose qu'ils trouvent difficile à accomplir tout seul, et placent leur pierre entre les mains de Dieu et en prononçant les mots : « Mon Dieu, donne-moi du courage, s'il-te-plaît ! » Ils pourront ainsi donner leurs craintes ou leurs soucis à Dieu pour qu'Il en prenne soin.

notes

histoire 23

Il chante à Dieu

(Psaume 145) Sujet de la leçon : J'aime célébrer Dieu

Le verset à mémoriser :

Je chanterai, je célébrerai ton nom, parce que tu fais des choses merveilleuses. (Esaïe 25:1)

Le support visuel de l'histoire :

Réunissez autant d'instruments de musique que possible pour permettre aux enfants de mimer la louange à Dieu. Pour faire intervenir le roi David, portez une couronne et une longue robe. Et en guise de trône, déposez un gros oreiller sur une chaise puis recouvrez-la d'un tissu brillant.

Jeu : Une danse pour Dieu

Servez-vous des quatre modèles de fiches : applaudis, saute de joie, lève les mains pour le louer, mets-toi à genou pour prier. Elles serviront à s'asseoir dessus, et il en faudra une par enfant. N'hésitez pas à les photocopier autant de fois que nécessaire (vous pouvez également les couvrir de papier transparent autocollant ou les glisser dans des pochettes plastifiées pour qu'elles soient plus durables.) Placez les fiches au sol au milieu de la pièce. Expliquez alors aux enfants qu'il existe de nombreuses façons de louer Dieu. Dans ce jeu, ils en découvriront cinq.

Mettez de la musique pour que les enfants dansent dans toute la pièce. Danser est une manière de glorifier et d'adorer Dieu car on se sert de tous ses muscles et de tous les membres du corps qu'Il a créé de manière si incroyable ! Lorsque la musique s'arrête, chaque enfant s'assied sur une des fiches puis suit les instructions qu'il y voit. Cela permettra aux enfants d'apprendre à louer Dieu et de s'y entraîner d'une nouvelle manière. Mélangez les fiches puis disposez-les à nouveau au sol pour poursuivre le jeu aussi longtemps que les enfants s'amusent. Une alternative consiste à retirer une fiche à chaque fois que la musique s'arrête. L'enfant qui ne trouve pas de fiche pour s'y installer, s'assoie en observateur ou se charge d'allumer et éteindre la musique. Le dernier à trouver une place sur une fiche a gagné la partie.

Discussion :

- Quelle était votre façon préférée de louer Dieu ? Pourquoi ?
- Vous arrive-t-il de mettre cela en pratique à la maison avec vos parents ou votre famille ?

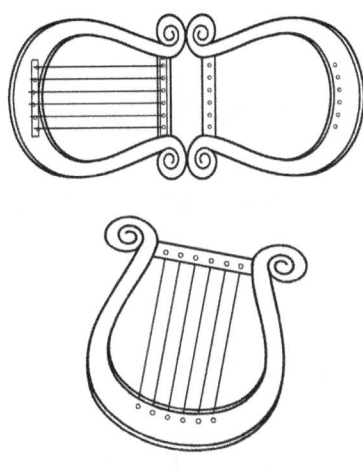

- Vous arrive-t-il de mettre cela en pratique tout seul quand personne ne vous observe ou que personne n'est là pour vous dire de le faire ?
- Pour qui faisons-nous cela ? Pour nous-mêmes ? Pour les autres? Pour Dieu ?
- Qu'est-ce que ça nous apporte ?
- Qu'est-ce que ça apporte aux autres de nous voir le faire ?
- Pourquoi cela réjouit-il Dieu ?

Activité manuelle : La harpe de David

David était un grand musicien, un poète, un écrivain de psaumes, un adorateur et un homme selon le cœur de Dieu. Ce joli bricolage sera très utile pour se souvenir de la vie de David, un humble petit berger choisi par Dieu pour devenir le roi d'Israël.

Les enfants colorient et décorent leur harpe puis la collent sur du carton épais pour qu'elle soit plus solide. Collez six morceaux de ficelle à l'aide de ruban adhésif sur l'envers de la face coloriée. Enfin, déposez-y de la colle, repliez le modèle pour que les deux parties se rejoignent afin de former la harpe.

Feuilles d'activité : (La Bible et mes crayons AT)

Page à colorier
Suis le chemin

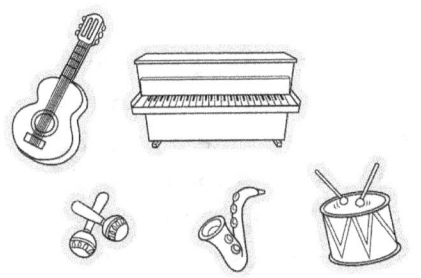

Idée de prière et de louange :

Pour ce temps de prière, utilisez les modèles de cartes avec les instruments de musique.

Placez-les, face caché, sur la table. Chaque enfant en choisit une et adresse sa prière à Dieu en chantant (ou avec des mots s'il n'est pas à l'aise avec le chant), tout en faisant semblant de jouer de l'instrument qu'il voit sur sa carte.

notes

histoire 24

Un roi très sage

(1 Rois 3:3-15) Sujet de la leçon : J'apprends la sagesse

Le verset à mémoriser :

Il donne à l'homme qui lui est agréable la sagesse, la connaissance et la joie. (Ecclésiaste 2 :26a)

Support visuel pour raconter l'histoire :

Couvrez deux rouleaux à pâtisserie en bois d'un tissu ou de papier pour vous en servir comme parchemin. Trouvez un habit qui puisse convenir pour un roi ainsi qu'une barbe pour jouer le rôle de Salomon.

Jeu n°1 : Recherche la sagesse de Dieu

L'objectif de cette activité consiste à montrer aux enfants pourquoi nous prenons parfois certaines décisions. Ce n'est pas parce qu'une chose semble être juste ou bonne pour nous qu'elle l'est forcément. Il vous faudra trois sachets en papier (ou trois petites boites). Décorez joliment un des sachets de manière à le rendre très attrayant. Puis, glissez-y des petits insectes en plastique. Faites en sorte que le deuxième sachet ait l'air laid, mais mettez-y une petite récompense. Quant au troisième, laissez-le tel quel et remplissez-le de guimauve. Laissez les enfants observer l'apparence des trois sachets. Demandez-leur de choisir à main levée celui qu'ils aimeraient avoir.

Puis, demandez à trois volontaires de glisser la main dans chaque sachet et d'en retirer son contenu. Les enfants réaliseront alors que l'on prend parfois des décisions sur la base d'une apparence attrayante mais ce n'est pas toujours le meilleur choix. Lorsque nous prenons des décisions importantes, c'est une bonne chose de rechercher la sagesse de Dieu et de ne pas nous confier dans nos propres pensées. Face aux décisions qu'il devait prendre, le roi Salomon s'appuyait sur la sagesse de Dieu.

Discussion :

- Qu'avez-vous ressenti lorsque vous avez découvert le contenu des sachets ?
- Doit-on se fier à l'apparence pour prendre des décisions ? L'apparence correspond-elle toujours à ce à quoi nous nous attendons ?
- Comment savoir si quelque chose est bon ou mauvais ?
- Qui a aidé Salomon a avoir autant de sagesse ?
- Qui est capable de nous aider à prendre des décisions remplies de sagesse ?

Jeu n°2 : Les chaussures dans le noir

L'objectif de ce jeu est de démontrer combien il est difficile de retrouver ses chaussures quand on a les yeux bandés. De la même manière, sans l'aide de Dieu et sans sa sagesse, nous ne sommes pas capables de vivre notre vie de manière droite et de voir les choses telles qu'Il les voit.
Demandez aux enfants de former un grand cercle, puis de retirer leurs chaussures et d'en faire un grand tas. Vous aurez besoin de quatre ou cinq bandeaux (ne faites jouer que quelques enfants à la fois pour qu'aucun ne se fasse mal en essayant d'attraper ses chaussures). Bandez simultanément les yeux à quatre ou cinq enfants et donnez-leur une minute pour retrouver leurs chaussures et les remettre à leurs pieds (les plus petits se contenteront de retrouver leurs chaussures sans avoir les yeux bandés). Otez ensuite les bandeaux pour qu'ils puissent vérifier s'ils portent la bonne paire. Après avoir fait jouer tous les enfants, rassemblez toutes les paires pour que chacun remette ses propres chaussures.

Discussion :

• Avez-vous trouvé cela plutôt facile ou plutôt difficile de retrouver vos chaussures dans un grand tas, avec yeux bandés ?
• Pensez-vous que ce soit difficile d'essayer d'accomplir certaines choses sans l'aide de Dieu ?
• Expliquez aux enfants qu'il y a tant de décisions à prendre dans la vie en leur donnant quelques exemples : faire des amis, choisir son goûter, choisir les habits qu'on va porter, organiser une sortie, décider du moment où on va faire ses devoirs, choisir si on va faire son lit maintenant ou plus tard, décider comment on va coiffer ses cheveux aujourd'hui, choisir sa maison, trouver un travail, se marier, etc.
• Si nous essayons de prendre ces décisions sans la sagesse de Dieu, c'est comme si nous essayions de trouver les chaussures dans ce grand tas, avec un bandeau sur les yeux.

Activité manuelle : Le parchemin de Salomon

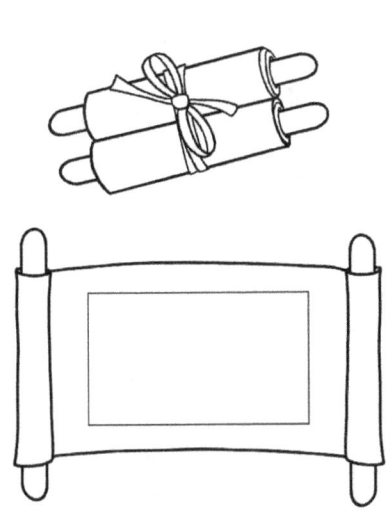

Pour que les enfants puissent fabriquer leurs propres parchemins, il vous faudra pour chacun : deux bâtonnets de glace et un morceau de tissu ou de velours marron de 6 cm sur 8 cm.
Les enfants collent les extrémités de leur tissu au bâtonnet à l'aide de colle blanche ou d'un pistolet à colle. Laissez sécher un moment le temps qu'ils colorient et décorent leurs versets à mémoriser. Ils le colleront ensuite au centre du parchemin. Les enfants pourront alors enrouler leurs parchemins puis les dérouler pour réviser le verset.

notes

Feuilles d'activité : (La Bible et mes crayons AT)
Page à colorier
La sagesse, c'est quoi ?

Idée de prière et de louange :

Pour ce temps de prière, servez-vous d'une couronne de déguisement (ou de fête des rois) ou fabriquez-en une. Chaque enfant aura le droit de porter la couronne quand ce sera à son tour de prier. Les enfants peuvent prier, à tour de rôle, de la manière suivante : « Seigneur, donne moi de la sagesse pour... » (les enfants décident ce pour quoi ils ont besoin de sagesse : pour apprendre une nouvelle chose, pour l'école ou les devoirs, pour apprendre à faire du vélo, apprendre à lire, etc.) Puis, le dernier à avoir prié passe la couronne à son voisin qui prie à son tour.

histoire 25 — Un temple pour Dieu

(1 Rois 4-7) Sujet de la leçon : J'adore Dieu

Le verset à mémoriser :

L'Éternel est grand, il mérite grandement qu'on le loue. (Psaume 48:1)

Le support visuel de l'histoire :

Fabriquez une tente d'intérieur, à l'aide de draps, de cordes et de pinces à linge (ou encore mieux, servez-vous d'une tente de jeu, si vous en avez une.) Les enfants font semblant d'aller au temple (matérialisé par la tente) pour prier et adorer Dieu. Prenez une couronne pour parler du roi Salomon.

Jeu : La construction du temple

Apportez une boite de Lego, de Duplo ou un jeu de construction en bois. Laissez le temps aux enfants de créer et construire un temple, comme s'ils étaient les ouvriers de Salomon et mettez des chants de louanges pendant ce temps de jeu, pour que les enfants puissent chanter. Choisissez un enfant qui jouera le rôle du roi Salomon et qui dessinera les plans en donnant des ordres pour la construction du temple. Il pourra porter une couronne et une robe rouge.

Discussion:

- Est-ce que ça vous a plu de construire le temple de Dieu ?
- Si vous deviez vraiment le construire, quelles sont les choses que vous voudriez absolument faire, ou ne pas faire ?
- D'où venaient les instructions de Salomon, sur la façon de construire le temple ?
- Dans quelles situations pouvons-nous demander à Dieu de nous aider et de nous donner ses instructions ?
- Pourquoi Salomon a-t-il construit un temple ?
- Qui d'entre vous a apprécié la musique pendant que vous avez construit le temple ?
- De quel genre de musique s'agissait-il ? Cette musique avait-elle un rapport avec le temple ?
- Vous arrive-t-il, à la maison, de vous occuper tout en pensant à Dieu ou en lui chantant des louanges ?

Activité manuelle : Le puzzle du temple

Coloriez et décorez les pièces de puzzle du temple avec du jaune, du doré et des paillettes. Puis découpez-les le long des lignes grises et collez-les au bon endroit à l'intérieur des contours du temple.

Feuilles d'activité : (La Bible et mes crayons AT)

Page à colorier
Des louanges à Dieu

Idée de prière et de louange :

Fabriquez rapidement une tente à l'aide de draps ou de cartons, et expliquez aux enfants qu'il s'agit de votre temple. Proposez-leur de faire comme s'ils entraient pour s'y agenouiller et de prier Jésus, leur Roi, comme ils le feraient devant un vrai roi. Posez sur une chaise, à l'intérieur de la tente, un cadre-photo avec une image de Jésus. À tour de rôle, les enfants entrent pour s'agenouiller devant le Roi, s'inclinent et expriment à Jésus leurs sujets de reconnaissance et combien ils l'aiment et l'adorent.

histoire 26 — Les oiseaux lui apportent à manger

(1 Rois 16, 17) Sujet de la leçon : J'ai de l'endurance

Le verset à mémoriser :

Si vous avez assez d'endurance pour finir ce que vous avez commencé, vous pourrez recevoir les bénédictions de Dieu. (Hébreux 10 :36)

Le support visuel de l'histoire :

Réunissez quelque parapluies, des torchons ou des cartons pour que les enfants puissent jouer le rôle d'Élie en train de se cacher du méchant roi. Les enfants peuvent également essayer de trouver des endroits où se cacher (sous la table, sous les chaises, derrière un placard, etc.) Prévoyez un costume noir pour que l'animateur mime les corbeaux en train d'apporter du pain et des petits morceaux de hot-dogs à manger. Grâce à un drap bleu, les enfants peuvent faire semblant d'approcher leurs mains ou leurs bouches de l'eau pour boire.

Jeu : De l'endurance pour fabriquer de la glace

Remplissez de moitié un sachet en plastique résistant à zipper avec de la glace. Ajoutez six cuillères à soupe de gros sel. Versez dans un autre sachet en plastique, une tasse de lait, deux cuillères à soupe de sucre, une demi cuillère à café de sucre vanillé et une poignée de pépites de chocolat. Fermez le petit sachet grâce à un nœud ou du ruban adhésif. Déposez-le à l'intérieur du grand sachet et refermez-le soigneusement. Secouez le sachet pendant dix minutes, en le faisant passer d'un enfant à l'autre. Le temps leur semblera très long, mais leur persévérance sera récompensée : ils obtiendront de la glace aux pépites de chocolat faite maison !

Discussion :

- À votre avis, combien de temps a-t-il fallu pour fabriquer la glace ? (Chaque enfant donnera sa propre estimation puis révélez-leur la durée exacte.)
- Est-ce que vous avez eu envie d'abandonner ? Pourquoi, ou pourquoi pas ?
- Vous arrive-t-il parfois de faire des choses qui prennent beaucoup de temps ? Quoi par exemple ?
- Pourquoi les faites-vous quand même ?
- Quel a été le résultat de cette journée d'endurance ?
- Quelles autres bonnes choses peuvent se produire lorsque l'on travaille dur et que l'on attend patiemment ?

Activité manuelle : L'oiseau-pince à linge

Prévoyez pour chaque enfant, une pince à linge en bois et une paire d'yeux mobiles à coller. Les enfants commencent par peindre leur pince à linge en noir puis la laissent sécher. Distribuez à chacun son modèle d'oiseau et demandez-leur de colorier ou peindre les ailes et la queue en noir et le bec et les pieds en jaune vif. Découpez-les puis collez chaque partie sur la pince à linge sèche, comme dans l'exemple ci-contre, ainsi que les yeux mobiles. Les enfants peuvent aussi colorier et découper le pain et le morceau de viande et les fixer dans la pince, ainsi que la carte avec le verset afin de se souvenir que Dieu bénit ceux qui ont de l'endurance.

Feuilles d'activité : (La Bible et mes crayons AT)

Page à colorier
Dieu pourvoit à nos besoins

Idée de prière et de louange :

Faites circuler un petit kit à bulles de savon aux enfants préalablement installés en cercle, pour que chacun puisse à tour de rôle s'en servir. Chacun souffle une bulle en faisant par exemple la prière suivante : « Jésus, sois avec...» (l'enfant ajoute le nom d'un membre de sa famille, d'une personne malade ou de quelqu'un dans le besoin). Puis, il observe la bulle monter et disparaître, tout comme nos prières montent vers Dieu qui les reçoit et y répond dans son temps parfait.

histoire 27 — Une bien pauvre veuve

(1 Rois 17:7-16) Sujet de la leçon : Je pense aux autres

Le verset à mémoriser :

Ne pensez pas seulement à vos propres besoins, pensez également à ceux des autres. (Philippiens 2:4)

Le support visuel de l'histoire :

Portez un tablier et apportez un paquet de farine, un grand saladier et un peu d'huile, puis préparez de la pâte à pain tout en racontant l'histoire.

Jeu n°1 : Faites passer la balle !

Les enfants se placent en file indienne, en regardant sur le côté. Donnez une balle au premier joueur qui la fait doucement rouler entre ses jambes vers celui qui se trouve derrière lui. Puis, il rejoint le plus vite possible le bout de la file et attend son prochain tour. La balle circule ainsi d'un enfant à l'autre, au travers de leurs jambes. Ce jeu aidera les enfants à comprendre que lorsque l'on donne, on reçoit toujours en retour. La balle a circulé, mais elle est toujours revenue vers chacun des joueurs.

Discussion :

• Si la balle que vous avez donnée au joueur suivant était votre jouet préféré ou votre goûter préféré à partager avec quelqu'un qui n'en a pas, est-ce que ça aurait été facile de la donner ?
• Vous êtes-vous rendus compte que vous alliez récupérer la balle un peu plus tard, en vous retrouvant au bout de la file ? Est-ce que ça vous a donné envie d'y aller ?
• Qu'est-ce qui est le plus facile : offrir des choses que vous aimez beaucoup ou offrir des choses auxquelles vous ne tenez pas tant que ça ?
• Et laquelle des deux façons de donner vous apporte le plus de satisfaction ou de bénédictions ?
• Pourquoi Dieu nous encourage-t-il à donner et à partager avec les autres ?
• Est-ce toujours pour leur bien ?

Jeu n°2 : La cruche d'huile

Rassemblez un bon nombre de bouteilles en plastique (eau, lait, jus), de bouteilles de mayonnaise etc. Mettez-les dans une grande caisse, après avoir pris soin de retirer tous les couvercles et les bouchons.

Puis, videz la caisse pour que les enfants s'amusent à retrouver à quelle bouteille correspond chaque bouchon, comme s'il s'agissait de cruches d'huile qui auraient été multipliées...

Activité manuelle : Le puzzle-verset

Distribuez à chaque enfant sa « miche de pain » qu'il peut colorier. Aidez les enfants à en découper les contours, puis à couper la miche en fines tranches. Ils peuvent ensuite coller leurs tranches de pain sur le modèle ovale gris, en remettant le verset dans le bon ordre. Relevez le rabat du haut, comme dans l'exemple ci-contre pour voir le titre puis, récitez le verset tous ensemble.

Feuilles d'activité : (La Bible et mes crayons AT)

Page à colorier
Qu'arriva-t-il ?

Idée de prière et de louange :

Utilisez de la peinture à doigts non toxique pour ce temps de prière. Accrochez une grande feuille de papier au mur ou sur un tableau blanc, face aux enfants. À tour de rôle, les enfants appliquent alors, avec leurs doigts, de la peinture de la couleur de leur choix pour créer un petit dessin tout en priant ou en remerciant Dieu pour une chose de cette couleur.

Par exemple : un enfant choisit le rouge, met ses doigts dans la peinture pour faire un petit cercle sur le papier et remercie Dieu pour les pommes rouges car c'est son fruit préféré. Continuez ainsi jusqu'à ce que tous les enfants aient participé et vous obtiendrez alors un chef d'œuvre de prières adressées à Dieu.

histoire 28 — Plonge-toi sept fois

(2 Rois 5:1-15) Sujet de la leçon : Je suis déterminé(e)

Le verset à mémoriser :

Que tes yeux regardent en face. Que tes regards se dirigent droit devant toi pour faire ce qui est bien. (Proverbes 4:25)

Le support visuel de l'histoire :

Prévoyez une poupée en plastique et un seau sur lequel vous aurez pris soin de dessiner des points à l'aide d'un marqueur de tableau blanc qui s'efface facilement. Plongez la poupée dans le seau ou dans un récipient rempli d'eau tout en racontant l'histoire de Naaman qui se lave. Les enfants pourront, à tour de rôle, plonger la poupée dans l'eau. Au bout de la septième fois, effacez les points pour que le seau soit tout beau et tout propre, tout comme Naaman qui a été guéri.

Jeu : À sept, je suis guéri !

Les enfants s'assoient en cercle. Donnez le signal de départ en posant votre main sur la tête d'un enfant. Celui-ci annonce le chiffre un, le joueur suivant annonce le deux, et ainsi de suite jusqu'au chiffre sept. Celui qui annonce le chiffre sept se lève d'un bond les mains levées et s'écrie : « Youpi ! Je suis guéri ! » Le suivant redémarre à partir du chiffre un et dès qu'un enfant atteint le chiffre sept, il s'écrie « Youpi ! »

Discussion :

- Que ressentiriez-vous si vous deviez faire ou demander quelque chose sept fois de suite avant d'obtenir une réponse ?
- Que ressentiriez-vous s'il fallait gravir une montagne six fois de suite, pour n'y parvenir que la septième fois ?
- Ou si vous faisiez la même erreur six fois de suite en écrivant un mot, pour ne l'écrire correctement que la septième fois ?
- Comment se sent-on quand on doit attendre sept jours jusqu'à son anniversaire ?
- Ça peut être bien difficile. Qu'est-ce que cela nous apprend ?
- À quoi vous fait penser la détermination ?
- Dans quelles circonstances avez-vous, chaque jour, besoin d'être déterminé ? Donnez quelques exemples.

Activité manuelle : Naaman est déterminé

Distribuez à chaque enfant la page où se trouvent les modèles à colorier et à découper suivant les lignes grises. Pliez le modèle de Naaman le long des pointillés, placez un bâtonnet de glace au centre et rassemblez les deux faces à l'aide de colle. Faites une fente le long des pointillés sur le dessin du paysage et glissez-y Naaman. Les enfants peuvent à présent le plonger et le retirer de l'eau (l'eau est dessinée sur le modèle) en tenant le bâtonnet de glace à l'arrière de la feuille. Au bout de la septième fois, les enfants le retirent entièrement de l'eau et le retournent pour qu'il paraisse à nouveau en bonne santé et heureux.

Feuilles d'activité : (La Bible et mes crayons AT)

Page à colorier
D'où viennent ces formes ?

Idée de prière et de louange :

Préparez à l'avance des grands chiffres en papier de un à sept. Distribuez à chaque enfant un des chiffres qu'il déposera devant lui, sur la table. L'enfant qui a le chiffre un, choisit une action et prie pour un sujet qui lui tient à cœur ou que l'animateur lui propose. Par exemple : « Seigneur, donne-moi de la détermination ! » Il répète la prière tout en mimant son action, en frappant par exemple dans les mains. Puis, les enfants qui ont les chiffres de deux à six répètent ses mêmes mots et ses actions. Enfin, celui qui a le chiffre sept se lève d'un bond et dit : « Merci Seigneur de m'avoir donné de la détermination ! » (ou tout autre sujet de reconnaissance qu'il souhaite exprimer par sa prière). Le huitième enfant recommence à partir du chiffre un et la prière se poursuit jusqu'à que tous les enfants aient pu prier et mimer leur action à tour de rôle.

histoire 29

Le petit roi

(2 Rois 11,12) Sujet de la leçon : Je travaille en équipe

Le verset à mémoriser :

Deux valent mieux qu'un. Ils peuvent s'aider dans tout ce qu'ils font. (Ecclésiaste 4:9a)

Le support visuel de l'histoire :

Vous pouvez vous servir d'un boîte au trésor ou d'une boite fantaisie pour raconter l'histoire de Joas. Demandez aux enfants d'y déposer des pièces de monnaie tout en parlant des gens qui apportaient de l'argent au temple. Prévoyez beaucoup de petites pièces pour que les enfants aient du plaisir à les entendre tinter.

Jeu n°1 : La chasse au trésor

Servez-vous des deux pages d'images avec les prépositions. Elles seront cachées par l'animateur en guise d'indices, et les enfants les chercheront les unes après les autres jusqu'à découvrir le trésor. Vous pouvez également créer vos propres images. Pour le trésor, fabriquez quelques fausses pièces de monnaie à l'aide de peinture dorée en spray.

Discussion :

• Est-ce que c'était facile de trouver le trésor ?
• Qu'est-ce qui vous a aidé ?
• Est-ce facile d'obéir aux consignes quand Maman ou Papa vous demandent de faire quelque chose ?
• Est-ce plus difficile quand vous avez envie de faire autre chose ?
• Croyez-vous que vos parents vous demanderont de faire quelque chose que vous n'avez pas le droit de faire ?
• À votre avis, qu'est-ce qui pourrait vous aider à obéir ?

Jeu n°2 : La réparation du temple

Pour ce jeu, vous aurez besoin de pièces de monnaie, du modèle de puzzle du temple à découper et d'une petite boîte au trésor ou d'une boite fantaisie.
Préparez au préalable le puzzle en le coloriant et en le découpant en autant de pièces que vous le souhaitez, selon le nombre d'enfants présents ou de la difficulté voulue. Posez les questions ci-dessous aux enfants et ajoutez éventuellement vos propres questions. S'ils répondent correctement, ils peuvent déposer une pièce de monnaie dans le coffre pour aider à payer la réparation du temple et peuvent mettre une pièce du puzzle à sa place.

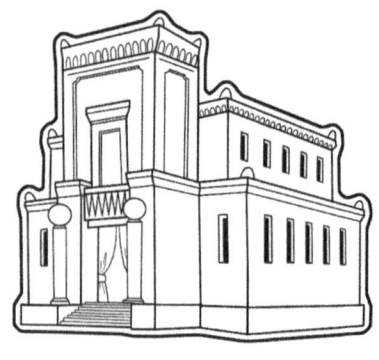

Questions :

1. Dans quel livre de la Bible se trouve cette histoire ?
2. Quel âge avait Joas lorsqu'il devint roi ?
3. Quelle est la chose la plus importante que fit Joas ?
4. Où a grandi le petit Joas ?
5. Qui s'est occupé de lui ?
6. Qui a formé Joas et lui a appris les choses de Dieu ?
7. De quelle manière Joas a-t-il appris autant de choses ?
8. Pourquoi Joas a-t-il dû se cacher de sa grand-mère ?
9. Qui était le prêtre Joïada ?
10. Qui adorait des idoles ?
11. Qui Joas adorait-il et servait-il ?
12. Comment a-t-il aidé le peuple à adorer le vrai Dieu ?
13. Qu'a fait Joas avec un coffre ?
14. Qu'est-ce que le peuple mettait dans le coffre ?
15. À quoi a servi l'argent dans le coffre ?

Activité manuelle : Le coffre-enveloppe

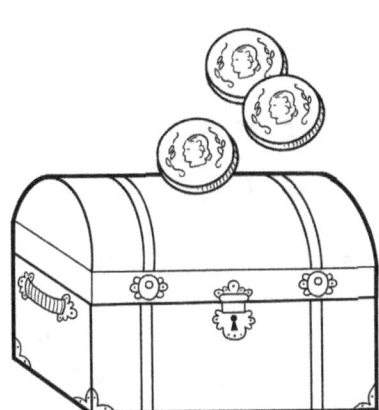

Les enfants colorient et décorent leur modèle de coffre, puis le découpent et le plient le long des pointillés. Appliquez un point de colle sur les bords, de manière à refermer les parties latérales du coffre. Coloriez et découpez chaque pièce de monnaie puis notez-y le verset suivant, un mot par pièce: « Ceux qui suivent mes voies sont heureux. » (Proverbes 8.32)
Les enfants peuvent alors s'entraîner à remettre le verset dans le bon ordre puis à mettre leurs petits « trésors » en sécurité dans leurs coffres et les rapporter à la maison.

Feuilles d'activité : (La Bible et mes crayons AT)

Page à colorier
Relie les points

Idée de prière et de louange :

Servez-vous d'un jeu de société quelconque. Placez des post-it sur chaque case, après y avoir noté ou dessiné des sujets de prière. Les enfants lancent le dé, tombent sur une case et prient pour le sujet mentionné sur cette case. Poursuivez jusqu'à ce que tous aient pu jouer ou jusqu'à ce qu'un des enfants parvienne à la dernière case du jeu. À la fin du jeu, levez tous vos mains et remerciez ensemble le Seigneur de répondre à vos prières.

histoire 30 — Trois amis courageux

(Daniel 3) Sujet de la leçon : J'ai de solides convictions

Le verset à mémoriser :

Nous avons redoublé de courage pour annoncer la Parole de Dieu sans peur. (Philippiens 1:14)

Le support visuel de l'histoire :

Apportez une bougie pour montrer aux enfants combien la fournaise était brûlante. Si vous avez un radiateur ou une cheminée, installez-vous juste à côté, pour en ressentir la chaleur. Servez-vous d'un carton en guise de four et remplissez-le de papier crépon rouge froissé pour illustrer le feu. Prenez quatre petits personnages Playmobil (ou figurines de personnages) et faites-les entrer puis sortir de votre « fournaise » tout en racontant l'histoire.

Jeu : Le saut de la conviction

Les enfants s'assoient en cercle. L'animateur lance différentes phrases telles que :
« Tu aimes chanter, tu as un frère, tu as une sœur, tu te coiffes tout seul, tu aimes danser, tu as un animal domestique, tu lis ta Bible, etc. » Tous les enfants qui se sentent concernés par une de ces déclarations ou qui ont l'habitude de les faire ces choses-là, sautent en l'air et disent « C'est vrai ! »

Discussion :

- Avez-vous tous sauté en l'air pour la même raison ?
- Aimez-vous tous la même chose ou faites-vous les mêmes choses que les autres ?
- Vous êtes-vous sentis plutôt courageux ou plutôt timides lorsque vous avez sauté en l'air pour confirmer qui vous êtes ?
- Dieu nous a créés chacun différent et unique et nous pouvons être courageux et déclarer qui nous sommes et ce que nous avons l'habitude de faire. Pensez-vous qu'on pourrait se moquer de vous parce que vous avez un animal de compagnie, un frère ou une sœur?
- Les gens vont-ils penser que vous êtes bizarres parce que vous aimez manger des céréales au petit-déjeuner ?
- Faut-il s'inquiéter de ce que les gens pensent de nous ?
- Sommes-nous capables d'être courageux et forts pour montrer qui nous sommes et ce en quoi nous croyons ?
- Ayons aussi confiance en Dieu. Ne croyez-vous pas qu'Il est heureux lorsque vous priez, que vous lisez votre Bible ou que vous parlez aux autres de Lui ?

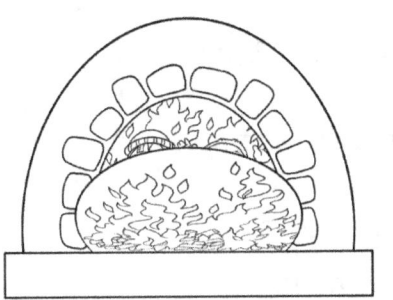

Activité manuelle : La fournaise ardente

Distribuez à chaque enfant le modèle à colorier et à découper. Collez des morceaux de papiers jaunes et rouges en forme de feuilles d'arbre sur la partie où se trouvent les flammes, qui servira de rabat. Mettez de la colle au dos du rabat (uniquement sur la partie inférieure) afin de pouvoir ouvrir et fermer la fournaise. Lisez le verset tous ensemble pour vous souvenir combien c'est important d'avoir de solides convictions.

Feuilles d'activité : (La Bible et mes crayons AT)

Page à colorier
Le message secret

Idée de prière et de louange :

Disposez des petites bougies chauffe-plat allumées dans des pots de yaourt en verre.
À tour de rôle, chaque enfant prend un pot (tout en restant prudent) et fait une prière ou remercie Dieu. Pour terminer, lorsque tous ont eu l'occasion de prier, placez les bougies au centre de la table, éteignez toutes les lumières et levez vos mains pour remercier Dieu pour sa protection.

notes

histoire 31 : En pâture aux lions

(Daniel 6) Sujet de la leçon : Je résiste à la pression

Le verset à mémoriser :

Faites ce qui est droit, ce qui plaît au Seigneur.
(Deutéronome 6:18a)

Le support visuel de l'histoire :

Apportez des lions de toutes tailles (peluches, jouets en plastique, marionnettes etc.) et utilisez-les pour mimer l'histoire. Servez-vous d'un personnage Playmobil ou Lego pour Daniel. Prenez un récipient transparent (ou une boite) pour y « jeter » Daniel. Ajoutez quelques cailloux, du papier ou un tissu gris et disposez les lions tout autour de Daniel.

Jeu n°1 : Le poème en action

Les enfants peuvent apprendre tous ensemble ces quelques rimes en se servant de leurs mains. Continuez à les réciter jusqu'à ce qu'ils connaissent tout le poème par cœur et puissent l'emporter à la maison pour le partager avec leur famille.
Voici ma maman, son regard est doux. (levez le pouce)
Voici mon papa, il travaille beaucoup. (lever l'index)
Voici mon p'tit frère, il est fort et grand. (lever le majeur)
Voici ma grande sœur, elle parle en chantant. (lever l'annulaire)
Et me voici moi, je peux être heureux (lever l'auriculaire)
Ensemble en famille, nous prions notre Dieu. (fermez le poing)

Discussion :

• Est-ce que vous priez tous les jours ?
• Daniel priait trois fois par jour. Combien de fois par jour est-ce que vous priez ?
• Vos frères, vos sœurs et vos parents prient-ils aussi ?
• Est-ce que vous priez toujours ensemble en famille ou est-ce que vous priez parfois tout seul ?
• À quel moment de la journée priez-vous le plus souvent ? Et pourquoi à ce moment-là ?
• À quel moment vous arrive-t-il d'oublier de prier ?

Jeu n°2 : Les chaises qui prient

Ce jeu se joue presque de la même manière que le célèbre jeu des chaises musicales.
Disposez les chaises en cercle, une de moins que le nombre d'enfants. Demandez aux enfants de circuler autour des chaises pendant que vous chantez une chanson sur l'histoire de Daniel :

Daniel priait à Dieu, toujours.
Il priait fidèlement trois fois par jour.
Quand il avait besoin de secours,
Il s'adressait à son Dieu d'amour.

Dès que vous vous arrêtez de chanter, les enfants se précipitent alors tous pour s'asseoir sur une chaise. Celui qui n'en trouve pas, partage aux autres enfants le sujet pour lequel, selon lui, Daniel a prié. Il peut aussi parler de sa façon préférée de prier.
Puis, il s'assoit à l'extérieur du cercle et se joint au chant pour le tour suivant. À chaque tour, retirez une chaise et continuez le jeu jusqu'à ce qu'il ne reste plus qu'une personne qui pourra mimer Daniel en train de prier.

Activité manuelle n°1 : Le masque de lion

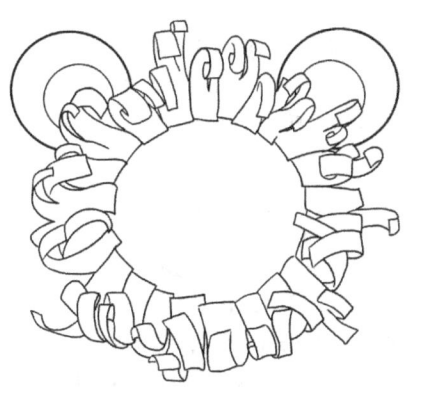

Prenez une assiette en papier pour chaque enfant et découpez la partie intérieure. Demandez aux enfants de colorier le modèle d'oreilles de lion et collez-les sur le haut de l'assiette. Découpez ensuite toute une série de bandes de papier marron et jaune que les enfants colleront sur les bords de leur assiette. Il sera plus facile d'appliquer la colle directement sur l'assiette plutôt que sur chaque bande. S'il vous reste du temps, donnez-leur un coup de main pour faire boucler les bandelettes à l'aide de ciseaux afin qu'elles ressemblent à une vraie crinière de lion.
Tous les petits lions peuvent alors réciter ensemble le verset grâce à leur petite carte-verset.

Activité manuelle n°2 : Le lion sur pattes

Prenez le modèle fourni que chaque enfant va colorier et découper le long des lignes grises. Pliez le long des pointillés de manière à ce que la tête et la queue se dirigent vers le haut et les pattes vers le bas, comme dans l'exemple ci-contre. Les enfants ont à présent leur propre lion sur pattes et peuvent à nouveau raconter l'histoire.

Feuilles d'activité : (La Bible et mes crayons AT)

Page à colorier
Continue le dessin

Idée de prière et de louange :

Daniel priait trois fois par jour. Dessinez donc trois horloges sur votre tableau blanc et expliquez aux enfants que vous prierez trois fois durant la leçon. Notez sur les horloges l'heure à laquelle vous vous arrêterez pour prier ainsi que les sujets pour lesquels vous prierez durant ces pauses de prière.
Les enfants vous rappelleront l'heure grâce aux horloges.

histoire 32 — Reconstruisons les murailles

(Néhémie 1,2) Sujet de la leçon : Je persévère

Le verset à mémoriser :

Si nous allons jusqu'au bout, nous récolterons quand le moment sera venu. (Galates 6:9b)

Le support visuel de l'histoire :

Apportez des outils qui auraient pu être utiles pour reconstruire la muraille ainsi qu'une petite échelle pour montrer que les ouvriers devaient grimper très haut. Prévoyez aussi une vraie brique si vous pouvez vous en procurer une et du ciment que vous fabriquerez à l'aide de farine et d'eau pour montrer aux enfants de quelle manière on s'en servait pour que les briques tiennent ensemble et pour que le mur soit solide.

Jeu : Améliorer sa persévérance

Cachez dans toute la pièce des petits rectangles de papier rouge ou marron qui feront office de briques. Demandez aux enfants de les retrouver et de les déposer sur la table. Divisez-les équitablement entre les enfants. Puis, construisez ensemble une tour en collant les briques autour d'un carton qui servira de muraille. En collant les briques, les enfants pourront parler de quelque chose qu'ils ont appris à faire à la maison et qui demande de la persévérance.

Discussion :

• Qu'avez-vous ressenti en travaillant tous ensemble pour construire la muraille ?
• Et si vous deviez faire ce travail tout seul, est-ce que ce serait plus difficile ? Pourquoi ?
• Quelles sont les choses qui peuvent détourner votre attention d'une tâche que vous devez accomplir ?
• Que faites-vous pour éviter d'être distraits ?
• Qu'est-ce qui vous aide à vous mettre à la tâche et à persévérer jusqu'à ce que vous ayez terminé ?

Activité manuelle : Construis les murs

Demandez aux enfants de colorier ou de peindre les pages sur lequel se trouvent les modèles. Découpez ensuite les trois petits modèles, pliez le long des pointillés et collez-les sur le modèle qui sert d'arrière-plan, comme dans l'exemple ci-contre. Lisez tous ensemble le verset.

Feuilles d'activité : (La Bible et mes crayons AT)

Page à colorier
Termine la construction

Idée de prière et de louange :

Utilisez les petits modèles de cartes de prière pour ce temps de prière en commun. Après que les enfants aient colorié et découpé les images, disposez-les, face cachée, au centre de la table. À tour de rôle, chaque enfant en choisit une et prie pour un sujet en rapport avec sa carte.

histoire 33 — Une belle reine

(Le livre d'Esther) Sujet de la leçon : Je recherche la vraie beauté

Le verset à mémoriser :

La vraie beauté vient de l'intérieur : c'est la beauté d'un esprit doux et paisible. (1 Pierre 3:3)

Le support visuel de l'histoire :

Vous devriez facilement réussir à trouver un déguisement de princesse, une couronne de princesse et un sceptre. Si la robe ne vous va pas, n'importe quelle petite fille se portera certainement volontaire pour se présenter devant les enfants dans son déguisement, pendant que vous parlerez de la reine Esther.

Jeu : Devant le roi

Les enfants s'assoient en cercle. Le meneur bande les yeux à un volontaire. Puis, il montre du doigt l'enfant de son choix qui doit sortir de la pièce pour se présenter devant le roi. Cet enfant quitte alors la pièce sans bruit. Pendant ce temps, les autres enfants changent de place. Puis, l'enfant aux yeux bandés retire son bandeau et essaie de deviner quel enfant est sorti de la pièce pour aller avec courage se présenter devant le roi. S'il parvient à deviner, il prendra alors le rôle du meneur et choisira la prochaine « Esther » qui quittera la pièce.
Quant à celui qui vient de quitter la pièce, il sera le prochain à qui l'on bandera les yeux.

Discussion :

• Qu'avez-vous préféré durant le jeu ? Avoir les yeux bandés, sortir de la pièce ou deviner ?
• Connaissez-vous une personne qui est très belle ?
• Qu'est-ce qui la rend belle ?
• Connaissez-vous quelqu'un qui est beau de l'intérieur ?
• Qu'est-ce qui le rend beau ou la rend belle ?
• Donnez des exemples de ce qui rend une fille belle de l'extérieur.
• Donnez maintenant des exemples de ce qui peut vous rendre beau ou belle de l'intérieur.
• Les garçons peuvent-ils aussi être beaux de l'intérieur ? De quelle manière ?
• Peuvent-ils être beaux de l'extérieur ? Et pourquoi pas ? (Dieu a créé les hommes pour être beau, chacun à sa manière)

Activité manuelle n°1 : La poupée en papier de la reine Esther

Proposez aux enfants de colorier puis de découper les différents éléments de la page de modèles. Ils pourront ensuite s'amuser à raconter à nouveau l'histoire, après avoir habillée leur petite poupée en papier.

Activité manuelle n°2 : Un bracelet de reine (ou de roi)

Pour chaque enfant, il vous faudra une moitié de rouleau de papier toilette vide, un ruban fin, de la dentelle décorative, des boutons fantaisie, des perles ou ce que vous trouverez pour décorer le bracelet. Coupez les rouleaux en deux et donnez une moitié à chaque enfant (1). Coupez à nouveau chaque moitié mais cette fois, dans le sens de la longueur pour que le bracelet s'ouvre et que vous puissiez le poser à plat devant vous (2).
Les enfants peuvent à présent peindre leur rouleau puis y coller un morceau de dentelle pour lui donner un air royal. Ils peuvent également choisir une belle perle ou un bouton à fixer au milieu. Collez le verset à l'intérieur du bracelet pour les aider à se souvenir de la beauté dont parle Dieu, à chaque fois qu'ils le mettent ou le retirent. Perforez un trou à chaque extrémité et faites-y passer un petit ruban que vous nouerez pour le fermer autour de leurs poignets (3).

Feuilles d'activité : (La Bible et mes crayons AT)

Page à colorier
Les pièces de puzzle

Idée de prière et de louange :

Remplissez un sac avec différents petits jouets (voir la liste ci-dessous mais sentez-vous libres d'en rajouter ou d'en utiliser d'autres). À chaque fois qu'un enfant mettra sa main dans le sac, il prendra le premier objet qu'il touchera et priera pour quelque chose en lien avec cet objet. Lorsqu'il aura fini sa prière, vous pourrez remettre les objets dans le sac (si le groupe d'enfant est assez important) ou les mettre de côté pour la fois suivante.
Voici quelques idées d'objets ainsi que les prières correspondantes :
1. Une maison/des meubles : priez ou remerciez Dieu pour une chose qui se trouve à la maison.
2. Un crayon/un stylo : demandez à Dieu de bénir votre maîtresse ou votre maître et de vous aider à bien travailler à l'école.

notes

3. Une poupée : priez ou remerciez Dieu pour quelque chose de particulier dans votre famille.
4. Un cœur : priez ou remerciez Dieu pour vos amis.
5. Un visage souriant : remerciez Dieu pour quelque chose qui vous rend heureux.
6. Un visage triste : dites à Dieu que vous regrettez quelque chose de mal que vous avez fait.
7. De la nourriture : remerciez Dieu pour votre nourriture préférée. Priez pour ceux qui n'ont pas assez à manger.
8. Un bandage : demandez à Dieu de guérir une personne malade ou blessée.

histoire 34 : Dans le ventre du gros poisson

(Jonas 1-3) Sujet de la leçon : Je suis disponible

Le verset à mémoriser :

Je désire faire ta volonté, mon Dieu, parce que tes paroles sont dans mon cœur. (Psaume 40:8)

Le support visuel de l'histoire :

Vous aurez besoin d'un ballon à gonfler bleu et d'un petit personnage Playmobil ou Lego pour Jonas. Préparez quelques nageoires et une queue en papier que vous collerez sur le ballon pendant la leçon, après l'avoir gonflé. Prévoyez un marqueur pour dessiner les yeux et la bouche du poisson, ainsi qu'un jouet en forme de petit bateau, un petit seau ou une baignoire de bébé avec de l'eau pour raconter l'histoire.

Jeu n°1 : Cache-cache

Tous les enfants se cachent (dans la mesure du possible), pendant que l'animateur et son assistant comptent. L'animateur joue le rôle de Dieu qui appelle Jonas et l'assistant celui de la baleine cachée sous un grand drap bleu. Une fois le décompte terminé, « Dieu » se place au milieu de la pièce et essaie de repérer celui qui bouge dans sa cachette. Dès qu'il aperçoit quelqu'un, il l'appelle par son nom et dit, par exemple : « Manon, va à Ninive ! ». L'enfant revient alors en courant au point de départ tout en évitant de se faire attraper par la baleine qui rampe dans la pièce. Ceux qui se font prendre retournent s'asseoir à table. L'animateur et son assistant poursuivent le jeu jusqu'à ce que tous les enfants se fassent attraper.

Discussion :

• Qui s'est bien amusé ? Quelle partie du jeu avez-vous préférée ?
• Quel était le moment que vous avez le moins aimé ?
• Comment vous sentiriez-vous si, à chaque fois que vous vous cachiez quelque part, la personne qui vous recherchait savait exactement où vous trouver ?
• De qui ne pouvons-nous jamais nous cacher ? Pourquoi ?
• Vous est-il déjà arrivé de vous mettre à jouer à cache-cache quand vos parents vous demandent de faire quelque chose ?
• Comment cela s'est-il terminé pour vous, ou pour eux ?
• L'histoire d'aujourd'hui parle d'un homme qui a essayé de jouer à cache-cache avec Dieu. Mais lui, n'a pas vraiment trouvé ça drôle !

Jeu n°2 : Jonas dans la baleine

Préparez le petit dessin de Jonas disponible dans les modèles, coloriez-le et plastifiez-le pour qu'il soit plus résistant. Puis, dessinez une grande baleine sur du papier et accrochez-le au mur de manière à ce qu'il soit accessible aux enfants. Bandez les yeux aux enfants qui, à tour de rôle essaieront de scotcher Jonas sur la baleine.

Activité manuelle : La roue de la baleine

Distribuez à chaque enfant, la page avec les modèles de dessins pour qu'ils puissent les colorier et les découper le long des lignes grises. Faites un trou au niveau de l'œil de la baleine ainsi qu'au centre de la roue et fixez-les à l'aide d'une attache parisienne. Les enfants pourront alors s'amuser à raconter à nouveau l'histoire, tout en tournant la roue :
1. Jonas s'enfuit loin de Dieu.
2. Jonas est jeté à la mer.
3. Jonas prie et regrette d'avoir fui.
4. Jonas revient en courant pour obéir à Dieu.

Feuilles d'activité : (La Bible et mes crayons AT)

Page à colorier
Levez les voiles !

Idée de prière et de louange :

Préparez un grand plateau de four et remplissez-le de sable, de riz, de sel ou de farine. Versez le sable (par exemple) dans le plateau de manière à en couvrir entièrement le fond et répartissez-le pour que la surface soit bien lisse. À l'aide d'un bâton de sucette, ou de l'extrémité d'une cuillère en bois, écrivez une initiale dans le sable, ou dessinez une personne ou une chose en demandant à Dieu de les bénir. Les enfants dessinent alors l'un après l'autre dans le sable et prient. Quand un enfant a terminé sa prière et a dit « amen », lissez à nouveau la surface pour que le suivant puisse à son tour prier.

histoire 35 — Le Roi est né

(Luc 2.1-2) Sujet de la leçon : Je reçois l'amour de Dieu

Le verset à mémoriser :

Dieu a tant aimé le monde qu'il a donné son Fils unique.
(Jean 3:16a)

Le support visuel de l'histoire :

Pendant que vous parlez de Jésus, lorsqu'Il était un bébé, prenez dans vos bras une poupée enveloppée d'une taie d'oreiller. Il vous faudra aussi un carton et des figurines d'âne, de vache, de mouton et de poules. Le carton aura une double utilité : il servira de crèche pour la poupée ainsi que d'étable pour les animaux, en fonction de la partie de l'histoire que vous raconterez.

Jeu : Lancer sa louange à Dieu

Les enfants se tiennent debout en formant un carré et en tenant un drap. Placez une balle légère au centre du drap, et tous les enfants le soulèvent simultanément pour faire rebondir la balle. À chaque fois qu'elle part vers le haut, les enfant lancent leur louange à Dieu pour son amour. Si la balle tombe au sol, l'animateur annonce qu'il y a un problème, il va ramasser la balle et la remet au centre du drap. Les enfants peuvent alors à nouveau lancer leur louange à Dieu, en dépit du problème qui vient de survenir.

Discussion :

• Qu'avez-vous ressenti en louant Dieu ?
• À votre avis, que ressent Dieu lorsque nous le louons et le remercions?
• Est-ce difficile de remercier Dieu en pensant à nos problèmes et nos difficultés ?
• Pourquoi devrions-nous quand même choisir de le louer dans ces moments-là ?
• Est-ce que quelqu'un vous a dit merci aujourd'hui ? Qu'avez-vous ressenti ?
• Quelle est la raison, en lien avec l'histoire, pour laquelle nous pouvons être très heureux aujourd'hui ?

Activité manuelle : Dans une mangeoire

Coloriez et découpez l'étable le long des lignes grises. Repliez les rabats vers le haut, et collez les côtés de manière à ce qu'ils restent en place. Pliez la carte au milieu, le long des pointillés pour qu'elle tienne debout, telle une carte de vœux. Coloriez et découpez les animaux et les personnages. Glissez-les dans les rabats de la scène de nativité et les enfants pourront ainsi à nouveau raconter l'histoire.

Feuilles d'activité : (La Bible et mes crayons NT)

Page à colorier
Copie le dessin

Idée de prière et de louange :

Puisque nous abordons le sujet de la naissance de Jésus, c'est l'occasion de célébrer son anniversaire. Qu'offre-t-on à une personne qui fête son anniversaire ? (des cadeaux) Alors, quelle sorte de cadeaux voulons-nous offrir à Jésus ? Prévoyez un grand carton que vous aurez pris soin d'emballer avec du papier cadeau et d'orner d'un grand nœud ou d'un ruban noué sur le dessus. À l'aide d'un marqueur permanent, notez-y toutes sortes de louanges d'une phrase chacune. Durant votre temps de prière, mettez une musique douce et gaie. Chaque enfant lit, à tour de rôle, une des louanges à Dieu, puis fait circuler le cadeau au suivant, qui à son tour, choisit une phrase pour dire merci à Dieu, et ce jusqu'à ce que tous aient pu participer. Les enfants peuvent reprendre les mêmes phrases : Dieu aime écouter toutes les louanges et à plusieurs reprises !

histoire 36 : Des cadeaux royaux

(Matthieu 2:1-12) Sujet de la leçon : Je prends le temps d'admirer

Le verset à mémoriser :

Je te louerai, mon Dieu et mon Roi. Je bénirai ton nom pour toujours. (Psaume 145:1)

Le support visuel de l'histoire :

Servez-vous de papillotes ou de bonbons emballés dans du papier brillant, en guise de cadeaux. Essayez de vous procurer des tuniques ou des foulards brillants ou pailletés pour les déguisements des Rois mages. Fabriquez des étoiles que quelques enfants pourront tenir en l'air.

Jeu n°1 : Suivez l'étoile

Ce jeu se joue au moment où vous racontez la partie de l'histoire où les Rois mages suivent l'étoile. Fermez les rideaux ou les volets, et invitez un volontaire à faire clignoter une lampe de poche en visant les murs ou le sol. Les autres enfants tentent, à tour de rôle, de mettre un pied sur la lumière ou de la toucher sur le mur, avec une main. L'objectif consiste à ce que les enfants comprennent qu'ils doivent garder l'étoile bien en vue et la suivre, tout en se déplaçant. Ceux qui attendent leur tour peuvent encourager le joueur.

Discussion :

• Vous êtes-vous bien amusés à suivre l'étoile ?
• Vous avez certainement trouvé cela amusant pendant un court moment mais imaginez devoir suivre l'étoile pendant des jours ou même des mois...
• Pourquoi les Rois mages ont-ils apporté des cadeaux à Jésus ?
• Quelles sont les choses que nous pouvons faire pour montrer notre amour aux autres ?
• Pourquoi les Rois mages ont-ils apporté des cadeaux de si grande valeur à Jésus ?
• Quel cadeau avez-vous offert à quelqu'un qui vous est cher ?
• Qu'est-ce que vous ressentez quand quelqu'un vous offre un cadeau ou vous dit quelque chose de gentil ?

Jeu n°2 : Le roi mage, le roi mage et le chameau...

Un enfant se porte volontaire. Les autres s'assoient par terre en cercle. Le volontaire fait le tour du cercle en marchant et touche une à une, les têtes des enfants en prononçant les mots « Roi mage » sur toutes les têtes de son choix. S'il prononce le mot « chameau » au lieu de « Roi mage », il se met à courir autour du cercle. Celui à qui on a dit le mot « chameau » se lève d'un bond et poursuit le volontaire en essayant l'attraper. Si le volontaire parvient à s'asseoir à la place du « chameau » avant d'être touché, alors le « chameau » prend la place du premier volontaire. Mais si ce dernier se fait attraper, il recommence le jeu en tournant autour du cercle.

Activité manuelle n°1 : Le bougeoir

Proposez aux enfants de colorier (ou de peindre) puis de découper les modèles d'étoiles.
Déposez de la colle à paillettes sur les bords des étoiles. Fixez la petite étoile sur la plus grande à l'aide d'un point de colle au centre. Puis, demandez à chaque enfant de décorer un pot à yaourt ou à dessert en verre. Voici quelques idées pour décorer le pot : ajoutez un trait de colle à paillettes tout autour du pot, entourez-le d'un nœud ou d'un ruban, ajoutez un bouton en forme d'étoile sur le nœud, mettez des autocollants d'étoiles tout autour du pot, etc... Déposez un point de colle au centre de l'étoile (idéalement à l'aide d'un pistolet à colle), posez doucement le pot sur la colle puis laissez sécher quelques minutes. Pour terminer, mettez une petite bougie dans chaque pot.

Activité manuelle n°2 : Les cadeaux des Rois Mages

Utilisez les modèles des trois Rois mages. Les enfants les colorient, les découpent puis les collent chacun sur un petit rectangle de carton coloré. Collez ensuite ces trois rectangles sur une grande feuille cartonnée d'une autre couleur ou à motifs que vous aurez pliée en deux. Découpez et collez le verset à l'intérieur de la carte et lisez-le à voix haute. Collez une papillote ou un bonbon sur la main de chaque Roi mage.
La prochaine fois que les enfants remercieront ou loueront Dieu (plus tard à la maison), ils pourront manger un des chocolats ou un des bonbons.

Feuilles d'activité : (La Bible et mes crayons NT)

Page à colorier
Copie le dessin

notes

Idée de prière et de louange :

Dessinez une étoile pour chaque enfant sur du papier de couleur. Demande-leur d'y écrire ou d'y dessiner ce qu'ils préfèrent dans l'histoire de Noël. Disposez ensuite toutes les étoiles au sol au centre de la pièce et les enfants peuvent alors danser tout autour sur un chant de Noël joyeux. Lorsque la musique s'arrête, chaque enfant saute sur l'étoile la plus proche de lui. Quelle que soit l'étoile sur laquelle ils se posent, les enfants louent Dieu et le remercient pour le sujet qui y est inscrit. Continuez ainsi tant que les enfants jouent avec plaisir.

histoire 37 — Dans le temple

(Luc 2:41-52) Sujet de la leçon : J'aime la parole de Dieu

Le verset à mémoriser :

Ce qu'on apprend dans la Parole de Dieu illumine l'esprit. (Psaume 119:130)

Le support visuel de l'histoire :

Apportez de gros livres et toutes les Bibles que vous possédez. Comparez avec les enfants, les livres les plus grands et les plus beaux, en leur expliquant que c'est le contenu des livres qui compte réellement. Partagez quelques éléments importants à propos de la Bible (par exemple : le nombre de livres qui s'y trouvent ou les noms des livres qui parlent de la vie de Jésus, etc.) Si vous disposez d'un peu de temps avant la leçon, fabriquez un parchemin, à l'aide de rouleaux de papier essuie-tout ou de rouleaux à pâtisserie, et enroulez du papier tout autour, afin de montrer aux enfants de quoi avaient l'air les livres à l'époque de Jésus.

Jeu n°1 : Place Jésus dans le temple

Prenez une grande feuille de papier et dessinez-y les murs intérieurs du temple et ses colonnes, tels que sur l'exemple ci-contre. Chaque enfant colorie et découpe son petit personnage de Jésus et, à tour de rôle, se fait bander les yeux. L'objectif est d'essayer de positionner Jésus au milieu du temple, sur ses empreintes, à l'aide d'une épingle de bureau. Le gagnant est celui qui parvient à placer Jésus au plus près de ses empreintes. Les enfants peuvent emporter leur petit personnage de Jésus à la maison.

Jeu n°2 : Les devinettes de la Bible

Prenez une Bible pour enfants, ouvrez le livre au hasard et lisez une phrase sans que personne ne puisse voir de quelle histoire il s'agit. Les enfants doivent deviner de quelle histoire est tirée la phrase. Celui qui y parvient peut, à son tour, ouvrir la Bible au hasard et y lire une phrase sur une autre page, pour faire deviner les autres enfants. Pour les plus jeunes, vous pouvez fournir des indices ou décrire une partie de l'image plutôt que de lire une phrase. Par exemple, s'il s'agit de l'histoire du petit Moïse, vous pourriez utiliser « un panier » ou « le Nil » comme indices.

Discussion :

- De quelle manière avez-vous appris toutes ces choses ?
- Êtes-vous fiers de connaître autant d'histoires de la Bible ?
- Vous arrive-t-il d'apprendre des versets de la Bible par cœur ? Savez-vous pourquoi vous le faites ?
- Est-ce que vous prenez du temps pour lire et étudier la Bible chaque jour ?
- Que faisons-nous d'autre, à part lire la Bible ?
- Qu'est-ce qui est encore plus important que cela ?
- De quelle manière pouvons-nous montrer à Jésus que nous l'aimons et que nous aimons sa Parole ?

Activité manuelle :
La lanterne de Jésus dans le temple

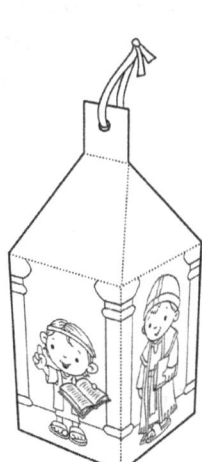

Coloriez puis découpez le modèle le long des lignes grises. Repliez le long de tous les pointillés puis collez les rabats pour obtenir un cube. Si vous souhaitez suspendre la lanterne, perforez un trou sur le petit rond gris et nouez-y une petite ficelle ou un ruban. Vous pouvez aussi simplement la poser.

Cette petite lanterne vous rappellera que vous pouvez apprendre à devenir intelligents et sages grâce à la Parole de Dieu, même en tant qu'enfant, tout comme Jésus, qui a étonné les professeurs dans le temple.

Feuilles d'activité : (La Bible et mes crayons NT)

Page à colorier
Retrouve l'identique

Idée de prière et de louange :

Préparez à l'avance des petits papiers sur lesquels vous aurez noté des prières simples, concernant l'étude de la Parole de Dieu. Glissez-les ensuite entre les pages d'une grosse Bible. Durant votre temps de prière, faites circuler la Bible et les enfants ouvriront le livre et piocheront un papier à tour de rôle, puis liront la prière à voix haute. Si les enfants ne savent pas encore lire, vous pouvez faire des petits dessins au lieu de noter des sujets de prière. Ils pourront alors observer l'image de la page où a été glissé le papier et dire merci à Dieu pour ce qu'ils y trouvent : un objet, un animal ou un personnage.

histoire 38 : Il parle de Jésus

(Jean 1:19-34) Sujet de la leçon : Je parle avec hardiesse

Le verset à mémoriser :

Annoncez la Parole de Dieu avec toute hardiesse. (Actes 4:29)

Le support visuel de l'histoire :

Servez aux enfants un petit goûter à base de miel étalé sur des biscottes. Expliquez-leur que Jean-Baptiste mangeait du miel (accompagné évidemment, d'autre chose que des biscottes), et qu'il mangeait aussi des sauterelles (montrez-leur une photo de sauterelles et expliquez-leur ce que c'est).
Apportez un plateau de cuisine et une tasse remplie d'eau et versez-la dans le plateau. Prévoyez également des petits personnages en plastique pour jouer la scène, et montrer aux enfants de quelle manière on baptise. Si vous avez une image ou une figurine de colombe, apportez-la aussi.

Jeu : Une balle derrière l'autre

Les enfants forment un cercle en se tenant debout ou assis. Dites-leur de faire circuler une petite balle de mains en mains et de s'imaginer que la balle représente Jean-Baptiste. Une fois que la balle aura fait un tour complet, introduisez une balle plus grande, en leur disant qu'il s'agit à présent de Jésus. Faites ensuite circuler les deux balles simultanément en leur expliquant que Jean-Baptiste ressemble à la petite balle qui prépare le chemin à Jésus. Jésus est comme la grande balle qui suit la plus petite, jusqu'au moment où tous les deux se rencontrent. Racontez-leur avec vos propres mots de quelle manière Jean-Baptiste et Jésus se sont rencontrés.

Discussion :

- Quelle était la mission de Jean-Baptiste ?
- S'agissait-il de quelque chose d'important ? Pourquoi ?
- De quoi avait besoin Jean-Baptiste pour être capable de parler avec courage à tout le peuple ?
- Que se passa-t-il lorsque Jésus et Jean-Baptiste se rencontrèrent ce jour là ?
- Nous ne baptisons pas les gens comme Jean-Baptiste l'a fait, mais dans quelles situations avons-nous, aujourd'hui, besoin de hardiesse ?
- Comment pouvons-nous recevoir de la hardiesse et d'où vient-elle ?

Activité manuelle n°1 : Les mains qui prêchent

Servez-vous de la grande empreinte de main, disponible dans les modèles (les enfants peuvent aussi faire leur propre empreinte s'ils préfèrent). Coloriez-la puis découpez-la. Pliez tous les doigts vers l'avant, sauf l'index, qui montre Jean-Baptiste en train de prêcher la Parole de Dieu. Collez la carte avec le verset sur la paume de la main, et lisez-le tous ensemble tout en le « prêchant » haut et fort et avec hardiesse.

Activité manuelle n°2 : Jean baptisa Jésus

Coloriez et découpez les modèles de Jean-Baptiste, de Jésus et des grenouilles le long des lignes grises. Pliez le rabat vers l'avant le long des lignes pointillées et collez les côtés du rabat. Découpez ensuite le petit ovale pour obtenir un trou. Collez les grenouilles sur l'avant du rabat, selon l'exemple ci-contre. Collez le petit personnage de Jésus sur un bâtonnet de glace et placez-le à l'intérieur du rabat en glissant le bâtonnet dans le trou.

Les enfants pourront ainsi faire entrer et sortir Jésus de l'eau, alors qu'il se fait baptiser.

Feuilles d'activité : (La Bible et mes crayons NT)

Page à colorier
Les pièces de puzzle

Idée de prière et de louange :

Prévoyez un récipient rempli d'eau propre et une serviette. Faites circuler le récipient autour de la table et chaque enfant y trempe ses mains et lave son visage, puis dit : « Merci Seigneur de m'avoir lavé de mes péchés ! » Faites ensuite circuler la serviette pour que les enfants puissent se sécher.

histoire 39 — Jésus choisit ses disciples

(Marc 3:13-19) Sujet de la leçon : Je marche avec Jésus

Le verset à mémoriser :

Jésus vous a laissé un exemple, pour que vous suiviez ses traces. (1 Pierre 2.21b)

Le support visuel de l'histoire :

Pour parler des disciples de Jésus, servez-vous de 12 petites bouteilles en plastique, ou simplement de 12 couvercles de bouteilles avec des visages joyeux dessinés sur chacun d'eux. Prenez une bouteille plus grande pour parler de Jésus (ou une cruche, si vous avez opté pour les couvercles de bouteille). Si vous disposez d'assez de temps, vous pouvez les déguiser en y collant du tissu ou du papier.

Préparez, avant la leçon, un badge pour chaque enfant, où vous aurez noté le nom d'un des disciples. Il se peut qu'il y ait des doublons en fonction du nombre d'enfants présents. Les enfants porteront, pendant toute la leçon, leur badge avec leur « nouveau nom de disciple » et peuvent s'appeler les uns les autres par ces noms pour s'y familiariser.

Jeu : Un pas devant l'autre

Dans cette activité, les enfants avancent en posant leurs pieds sur des feuilles de papier et chaque étape représente quelque chose qui les rapproche de Jésus.

Posez les feuilles au sol et créez un petit parcours qui mène à une image de Jésus. Les enfants effectuent une action que vous énoncez puis se posent sur la première feuille (la première étape). À chaque fois qu'ils effectuent l'action demandée (une chose que Jésus demande de faire), ils peuvent avancer jusqu'à la prochaine étape (la feuille suivante).

Voici quelques idées d'actions pour suivre Jésus qui pourront être énoncées par l'animateur : « priez, levez vos mains pour le louer, applaudissez Dieu car Il est grand, sautez de joie, pensez à quelque chose de positif, serrez quelqu'un dans les bras, offrez un sourire, dites à quelqu'un « Jésus t'aime », prenez du temps pour écouter (mettez vos mains près de vos oreilles, avec un geste d'écoute), pardonnez à quelqu'un le mal qu'il vous a fait, lisez la Parole de Dieu, étudiez la Parole de Dieu, aimez votre prochain, donnez à ceux qui sont dans le besoin. »

Discussion :

- Avez-vous aimé vous rapprocher de Jésus ? Pourquoi ?
- Ces choses-là sont-elles suffisantes pour nous approcher de Jésus ?
- De quelle manière suivez-vous Jésus à la maison ou avec votre famille ?
- De quelle manière les disciples ont-ils suivi Jésus ?
- Pourquoi ont-ils dû quitter leur travail et leur famille ?
- Faut-il que nous fassions cela pour suivre Jésus ? Ou pouvons-nous le suivre tout en menant notre vie ?
- Pourquoi voulons-nous être plus proche de Jésus ?
- Est-ce que suivre Jésus et faire ces choses-là nous rendent heureux ? Pour quelles raisons ?

Activité manuelle n°1 : L'accordéon des 12 disciples

Distribuez à chaque enfant, le modèle avec les noms des disciples. Découpez le long des lignes grises, et pliez le long des pointillés pour former un accordéon.
D'un côté se trouve le nom des disciples, et de l'autre, les enfants peuvent dessiner des petits visages et des corps pour chaque disciple (voir l'exemple ci-contre).
En ajoutant plein de jolies couleurs, les enfants obtiendront leur petite décoration à poser comme une carte.

Activité manuelle n°2 : Suivre Jésus

Coloriez les modèles de Jésus, du petit garçon et de la petite fille. Découpez-les et collez un bouchon en liège à l'arrière de chaque personnage pour qu'ils tiennent debout (1). Prenez une ficelle et faites un nœud à chaque extrémité. Placez le premier nœud entre le bouchon et une punaise puis poussez la punaise pour l'enfoncer dans le bouchon (2). Faites de même pour le deuxième nœud qui sera fixé sur un autre bouchon (en partant de Jésus vers le petit garçon ou la petite fille), et rassemblez les trois personnages.
Jésus pourra ainsi montrer la voie et les enfants le suivront tout comme nous suivons Jésus (3).

Feuilles d'activité : (La Bible et mes crayons NT)

Page à colorier
Que trouves-tu dans le filet ?

notes

Idée de prière et de louange :

Pour ce temps de prière, les enfants et l'animateur se rangent en file indienne. L'animateur commence par prier avec une courte phrase tout en mimant sa prière. Par exemple : « Seigneur, merci pour le soleil » (faites un cercle avec vos mains) ou « Donne-nous de la pluie. » (imitez la pluie qui tombe.) Tous les enfants répètent la prière et suivent les mouvements. Chacun son tour, les enfants prennent le rôle du meneur et réfléchissent à une prière ou à un sujet de remerciement et à comment la mimer pour que les autres répètent les mêmes gestes.

notes

histoire 40

En compagnie de Jésus

(Matthieu 19:13-15) Sujet de la leçon : Je veux être bon

Le verset à mémoriser :

L'amour est patient. L'amour est bon. (1 Corinthiens 13:4)

Le support visuel de l'histoire :

Écrivez le mot « Jésus » sur une grande feuille. Découpez toute une série de petits cœurs dans du papier coloré. À chaque fois que l'histoire mentionne « Jésus » qui agit avec amour ou gentillesse, collez un petit cœur sur les lettres du mot « Jésus ». S'il vous reste de la place sur le mot à la fin de l'histoire, les enfants peuvent réfléchir à d'autres actes remplis d'amour que fait Jésus pour prendre soin d'eux, ou pour leur montrer qu'Il les aime. Collez alors d'autres cœurs sur le mot.

Jeu n°1 : Devine la lettre !

À tour de rôle, les enfants font semblant de tracer une lettre sur le dos de leur voisin de gauche. Ce dernier essaie de deviner de quelle lettre il s'agit juste par la sensation du toucher sur son dos. Il répond alors par une parole gentille, par une action remplie d'amour ou en donnant le nom d'une personne qu'il aime et qui commence par cette lettre. Si c'est trop compliqué pour les plus jeunes, les enfants peuvent aussi chuchoter une lettre à l'oreille de leur voisin de gauche.

Discussion :

• Comment savez-vous que quelqu'un vous montre de la gentillesse ?
• Avez-vous envie que les autres remarquent que vous êtes gentils envers eux ?
• Que faut-il alors faire ?
• Réfléchissez à la dernière fois où quelqu'un a fait quelque chose de bon pour vous ? Comment vous êtes-vous sentis ?
• Quelle activité aimez-vous le plus faire avec votre meilleur ami, vos parents ou votre famille ?
• Énumérez toutes les histoires de la Bible où Jésus a été bon envers les autres.
• Qu'a fait Jésus dans cette histoire, qui a montré qu'Il était bon ?

Jeu n°2 : La pince à linge

Distribuez à chaque enfant cinq pinces à linge qu'ils accrocheront à leurs habits. Demandez aux enfants de penser aux autres pendant la leçon, à ce qui pourrait leur faire plaisir ou à leurs besoins : céder sa première place pour jouer en premier, prêter ses crayons de couleurs à un autre enfant, laisser quelqu'un répondre à une question à sa place, céder sa place dans la file indienne, donner sa place dans le fauteuil bien confortable, proposer de l'aide, etc. Si durant la leçon, un enfant témoigne de la gentillesse à un autre, il peut alors prendre une de ses pinces à linge. Si un enfant dit quelque chose de méchant, s'il est jaloux ou égoïste, il perd alors une de ses pinces à linge, en faveur de celui envers qui il n'a pas été gentil.

Discussion :

- Combien de pinces à linge avez-vous reçu ?
- Combien de pinces à linge avez-vous perdu ?
- Vous rendez-vous toujours compte de toutes les fois où vous dites quelque chose de gentil ou de méchant ?
- Quelle personne fait attention à tout cela même si vous ne le remarquez pas ?
- Qu'avez-vous ressenti lorsque les autres ont dit ou fait quelque chose de gentil pour vous ?
- Comment ce serait à la maison, si vous témoigniez plus de gentillesse et d'amour envers votre famille ?
- À qui pouvons-nous nous adresser pour recevoir plus d'amour ?

Activité manuelle n°1 : Un cœur rempli d'amour

Déposez sur la table tous les magazines dont vous disposez. Distribuez à chaque enfant un papier en forme de cœur, une paire de ciseaux et de la colle. Les enfants peuvent éplucher les magazines et y découper toutes les lettres qu'ils trouveront qui composent les mots « Je t'aime ! » ou juste le mot « amour ». Puis, ils les collent sur leurs cœurs qui leur permettra de se souvenir de quelles façons Jésus nous montre son amour et comment nous pouvons montrer notre amour à Jésus et aux autres.

notes

Activité manuelle n°2 : La décoration de porte

Les enfants auront beaucoup de plaisir à fabriquer cette décoration à suspendre à la porte ou à la poignée de leur chambre. Servez-vous des modèles à colorier et à découper. Selon le temps dont vous disposez, les enfants peuvent décider du nombre de petits personnages qu'ils souhaitent utiliser. Rassemblez-les à l'aide d'une ficelle ou d'un fil en laine et de ruban adhésif (1).
Faites passer un ruban coloré dans les deux trous sur le haut du cœur (2). Faites un nœud et votre décoration est prête à être suspendue !

Feuilles d'activité : (La Bible et mes crayons NT)

Page à colorier
Trouve les différences

Idée de prière et de louange :

Un enfant prie pour un sujet de son choix puis serre un autre enfant dans ses bras. Ce dernier prie pour un autre sujet. Continuez ainsi jusqu'à ce que chaque enfant ait pu en serrer un autre dans ses bras et prier.

histoire 41 — De l'eau changée en vin

(Jean 2:1-11) Sujet de la leçon : Je garde ma bonne humeur

Le verset à mémoriser :
Un cœur joyeux rend le visage heureux. (Proverbes 15:13)

Le support visuel de l'histoire :
Ayez une cruche transparente à portée de main. Prévoyez aussi du colorant alimentaire rouge ou du jus de raisin que vous verserez dans l'eau tout en parlant de Jésus qui a transformé l'eau en vin.

Jeu n°1 : Le loto de l'eau transformée en vin

Ce jeu (qui est basé sur une activité manuelle) fait référence à des détails précis de l'histoire « De l'eau changée en vin ». Pour faciliter le jeu, racontez l'histoire complète aux enfants (à lire dans Jean 2 :1-11).

Voici un jeu de loto simple pour accompagner la leçon. Servez-vous des modèles disponibles. Il se peut que vous ayez besoin de photocopier quelques exemplaires supplémentaires en fonction de la taille de votre groupe d'enfants.
Découpez les plaquettes de jeu et les cartes avec les verres remplis de vin.
Le jeu : distribuez une plaquette de jeu à chaque enfant et placez toutes les cartes dans une cruche en terre cuite ou dans une théière. L'animateur pose des questions sur l'histoire et le premier à répondre peut piocher une carte dans la cruche. Il la place sur sa plaquette, là où il voit un un verre rempli d'eau. Vous pouvez également poser une question à chaque enfant, l'un après l'autre. S'il répond correctement, il obtient une carte. S'il ne connaît pas la réponse, il n'obtient pas de carte. Le premier à parvenir à remplir sa plaquette avec quatre verres remplis de vin a gagné.

Voici quelques idées de questions : (vous pouvez vous en servir plusieurs fois, en fonction du nombre d'enfants présents.)

1. Nommez une personne qui a accompagné Jésus à ce mariage.
2. De quel genre de fête s'agissait-il ?
3. Qu'a-t-on servi à boire au mariage ?
4. Quel membre de la famille de Jésus était présent au mariage ?
5. Qu'a demandé Marie aux serviteurs ?
6. Qu'a demandé Jésus aux serviteurs ?
7. Les serviteurs ont-ils fait exactement ce que Jésus avait demandé ?

8. Les serviteurs ont-ils rouspété et se sont-ils plaints lorsqu'ils ont dû remplir les jarres avec de l'eau ?
9. Pourquoi les serviteurs ont-il obéi avec joie à ce que Jésus leur a demandé de faire ?
10. Quel autre miracle Jésus avait-il fait avant celui-ci ?
11. Quel miracle Jésus a-t-il accompli dans cette histoire ?
12. Qu'a dit le maître de cérémonie lorsqu'il a goûté le vin ?

Discussion :

• Les serviteurs ont gardé leur bonne humeur quand Jésus leur a demandé de faire quelque chose. Quelle bénédiction en ont-ils retiré ?
• De quelle manière êtes-vous bénis si vous gardez votre bonne humeur ?
• Quelle tête faites-vous quand Maman ou Papa vous demandent de les aider ?
• Quelle tête faites-vous quand on vous gâte avec une glace ?
• Que se passe-t-il quand vous accomplissez une tâche avec bonne humeur ? Comment vous sentez-vous ?

Jeu n°2 : Deux enveloppes

Vous aurez besoin de deux enveloppes. Dessinez un visage joyeux sur la première, et un visage triste sur la seconde. Faites une fente sur le bas de l'enveloppe où se trouve le visage triste. Expliquez aux enfants que vous avez fait un fente pour y faire passer et oublier les problèmes ou les choses qui vous rendent tristes ou malheureux. Mais vous allez garder précieusement dans votre cœur et dans vos pensées, toutes les choses qui vous rendent joyeux et heureux. Les enfants peuvent alors réfléchir à l'histoire et proposer d'autres situations de leur vie quotidienne. Notez-les pour qu'ils puissent les placer dans l'enveloppe adéquate. Vous trouverez dans le livret d'activités manuelles et de jeux, quelques exemples en lien avec l'histoire de ce chapitre. Mais n'hésitez pas à encourager les enfants à partager leurs propres exemples.

Discussion :

• Quelle est l'enveloppe que vous aimeriez prendre pour vous ?
• Que feriez-vous si votre cœur était une enveloppe ?
• La rempliriez-vous de choses joyeuses ou de choses qui vous rendent grognons ?

notes

Activité manuelle :
La roue de l'eau qui se transforme en vin

Servez-vous des modèles disponibles. Les enfants colorient la jarre et découpent le cercle, ainsi que le contenu de la jarre, le long des lignes grises. Puis ils colorient la partie interne du deuxième cercle, un demi-cercle en bleu clair et l'autre en rouge. Rassemblez les deux cercles en fixant une attache parisienne au centre. Les enfants peuvent alors raconter à nouveau comment Jésus a transformé l'eau (la partie coloriée en bleu clair) en vin (la partie coloriée en rouge). Collez la carte avec le verset au dos, et lisez-la tous ensemble.

Feuilles d'activité : (La Bible et mes crayons NT)

Page à colorier
Un miracle incroyable

Idée de prière et de louange :

Faites circuler une coupe remplie de jus de raisin, en guise de vin. Chaque enfant en prend une gorgée et loue Dieu pour un sujet de reconnaissance.

histoire 42 — Jésus calme la tempête

(Marc 4:35-41) Sujet de la leçon : Jésus me calme

Le verset à mémoriser :

Venez et apprenez de moi, car je suis doux et humble de cœur. (Matthieu 11:28-29)

Le support visuel de l'histoire :

Les enfants peuvent vous aider à mimer l'histoire pendant que vous la racontez. Servez-vous d'un grand drap bleu et demandez à la moitié du groupe d'en tenir les coins. Prenez une boite rectangulaire ou une boite à chaussures en guise de barque et déposez à l'intérieur des petits personnages Lego ou Duplo. Placez la boite au centre du drap. Durant la tempête, les enfants tirent et soulèvent le drap pour créer des vagues qui secouent le bateau. Quelques enfants parmi ceux qui sont disponibles lancent du riz ou des haricots secs sur le drap pour illustrer la pluie. Les autres enfants peuvent tenir des oreillers en l'air pour les énormes nuages sombres. Lorsque l'animateur lit le passage où Jésus dit : « silence ! calme-toi ! », les nuages disparaissent, les enfants ramassent le riz et les haricots secs, abaissent le drap et l'étirent le plus possible.

Jeu : Le voyage au cœur de la tempête

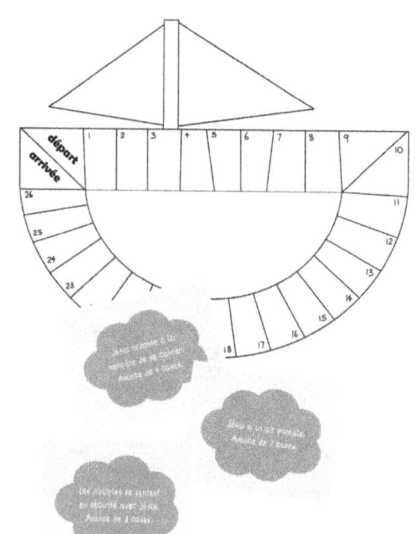

Fabriquez un plateau de jeu de société à l'aide d'une grande feuille de papier ou de carton, ou simplement en le dessinant sur votre tableau blanc si cela s'avère plus simple pour vous. Dessinez, à l'aide de cases, un parcours en forme de bateau et numérotez-les. Les enfants pourront vous aider à noter les numéros dans chaque case.

Utilisez la page où se trouvent les cartes de jeu et découpez-les. Pour jouer, chaque enfant place son pion sur la case « départ », lance le dé pour savoir de combien de cases il doit avancer puis pioche une carte et suit les instructions qui y sont écrites. Le joueur qui atteint le premier la case « arrivée » a gagnant.

Discussion :

- Vous arrive-t-il de vous trouver face à un problème ?
- Quelle est votre première réaction face à ce problème ?
- Que faites-vous face à ce problème : vous criez au secours ou vous patientez tranquillement jusqu'à ce que quelqu'un arrive près de vous pour lui demander de l'aide.
- De quelle manière demanderiez de l'aide à Jésus, s'Il était juste à côté de vous ?

• Si vous faites une erreur ou que vous êtes en difficulté, comment aimeriez-vous que vos parents ou votre maîtresse/maître agisse envers vous?
• Essayez-vous d'être doux et calmes à la maison ? De quelle manière ?

Activité manuelle : La marionnette

Distribuez aux enfants la page à colorier et à découper. Collez les deux ovales dos à dos en plaçant un bâtonnet de glace au milieu, comme dans l'exemple ci-contre. Les enfants peuvent alors raconter à nouveau l'histoire avec leur petite marionnette.

Feuilles d'activité : (La Bible et mes crayons NT)

Page à colorier
Remets de l'ordre

Idée de prière et de louange :

Distribuez aux enfants les petites cartes qui parlent des situations difficiles de la vie quotidienne. À tour de rôle, les enfants racontent leurs problèmes à Jésus (en lisant la carte) d'une voix douce, et lui demandent son aide et sa direction. Si un enfant reçoit par exemple la carte « Ton grand frère ou ta grande sœur est trop occupé(e) pour jouer avec toi. », l'enfant pourra dire à Jésus : « Jésus, je suis triste parce que mon grand frère (ou ma grande sœur) n'a pas le temps de jouer avec moi. Aide-moi à être patient, et s'il te plaît, permets que nous passions à nouveau du temps ensemble. Amen. » Ils peuvent d'abord décrire ce qu'ils ressentent face à la situation ou face au problème, puis ils peuvent demander à Jésus de leur donner une réponse. Cela les aidera à penser à apporter leurs problèmes à Dieu, à lui en parler et à lui demander sa paix et sa confiance pour les surmonter.

notes

histoire 43

Jésus, le grand médecin

(Marc 5:21-24, 35-43) Sujet de la leçon : J'ai foi en Jésus qui guérit

Le verset à mémoriser :

Une prière pleine de foi sauvera le malade. (Jacques 5:15)

Le support visuel de l'histoire :

Prenez une poupée, posez sa tête sur un oreiller, et recouvrez-la d'une couverture.

Jeu n°1 : La mallette du médecin

Préparez un sac en tissu et plusieurs ustensiles provenant d'une panoplie de docteur ou d'un kit de premiers secours (par exemple : un thermomètre, des bandages, un petit flacon de médicament vide, une boite à médicaments vide, etc. À tour de rôle, les enfants plongent la main dans le sac et tâtent un objet en essayant de deviner de quoi il s'agit. Dès qu'ils ont deviné, ils le montrent au reste du groupe. Continuez le jeu jusqu'à ce que le sac soit vide.

Discussion :

- Quel était le point commun entre tous ces objets ?
- Qui se sert de ces objets ?
- Que fait Jésus pour aider les malades ?
- De quoi se sert-Il pour guérir les gens ?
- Comment vous sentez-vous quand vous êtes malades ?
- Que ressentez-vous quand un membre de votre famille est malade ?
- Quand vous priez, est-ce que vous croyez que Jésus peut vous guérir?
- Que priez-vous quand vous êtes malade ?
- Parlez-nous du jour où vous étiez malades et qu'après avoir prié, vous alliez mieux.
- Qu'est-ce qu'un miracle ? (une surprise extraordinaire de Dieu)

Jeu n°2 : « Lève-toi, mon enfant ! »

Choisissez un enfant pour jouer le rôle de Jésus. Les autres enfants font semblant d'être malades et de dormir par terre, ou posent juste leurs têtes sur la table. « Jésus » prend la main d'un enfant endormi et lui dit : « Lève-toi, mon enfant ! » L'enfant se lève puis prend le rôle de Jésus en saisissant la main d'un autre enfant endormi. Continuez le jeu jusqu'à ce que tous les enfants aient joué le rôle de Jésus et de celui de l'enfant malade.

Discussion :

• À votre avis, comment s'est sentie la fillette lorsque Jésus a saisi sa main et lui a dit de se lever ?
• Quel effet cela vous ferait-il si Jésus vous disait « mon enfant » ?

Activité manuelle : Une bande dessinée

Servez-vous du modèle que les enfants pourront colorier. Découpez le long des deux traits noirs, jusqu'aux pointillés. Pliez le long des pointillés selon l'exemple ci-contre.
Les enfants pourront alors dessiner une bande dessinée sur l'avant des trois rabats, pour illustrer un jour où ils ont été malades et où Jésus les a guéris. Ils pourront ensuite, remplir les bulles (à l'intérieur des rabats) de Jésus qui guérit la petite fille. S'ils ont besoin d'aide pour écrire, l'animateur peut écrire les mots au tableau pour que les enfants les recopient. Terminez en lisant le verset tous ensemble.

Feuilles d'activité : (La Bible et mes crayons NT)

Page à colorier
Termine le dessin

Idée de prière et de louange :

Dites merci au Seigneur de vous avoir guéri le jour où vous étiez malades. Dites-lui comme c'est bon de se sentir mieux.

histoire 44 — L'aveugle voit

(Marc 7:31-37) Sujet de la leçon : Je demande à Dieu

Le verset à mémoriser :

Demandez, et on vous donnera. Cherchez, et vous trouverez. (Matthieu 7:7)

Le support visuel de l'histoire :

Apportez des bandeaux pour que les enfants puissent les mettre sur leurs yeux durant la leçon et se rendre compte de ce que l'on ressent quand on est complètement aveugle. Demandez-leur de traverser la pièce ou de manger quelque chose dans une assiette qu'ils ne peuvent pas voir ou encore de deviner un objet juste par le toucher, etc.

Jeu n°1 : J'aperçois quelque chose !

À tour de rôle, chaque enfant prononce la phrase suivante :
« Avec mes petits yeux, j'aperçois quelque chose qui est bleu. » (ou d'une autre couleur de son choix). Tous les autres enfants essaient de deviner de quel objet il pourrait s'agir. Celui qui trouve la réponse prend alors la place de celui qui a posé la devinette. Continuez le jeu jusqu'à ce que tous les enfants aient pu jouer.

Discussion :

• N'est-ce pas une merveilleuse sensation que d'être capable de voir ?
• Comment ce serait si vous n'aviez pas d'yeux pour voir ?
• Comment feriez-vous pour vous débrouiller ?
• À votre avis, que trouveriez-vous vraiment difficile ? Qu'est-ce qui vous manquerait le plus ?
• Savez-vous que de nos jours, il y existe des personnes qui ne peuvent pas voir ?

Jeu n°2 : J'apprends une comptine

Voici une petite comptine que les enfants peuvent apprendre et mimer ensemble.

Merci pour mes yeux qui peuvent voir le ciel,
(Formez un cercle autour des yeux avec vos pouces et vos index puis montrez du doigt le ciel)
Avec ses couleurs, un bel arc-en ciel,
(Faites un arc-en-ciel avec vos bras)
Tout près des nuages, un soleil merveilleux,
(Faites un grand cercle avec vos mains pour le soleil)

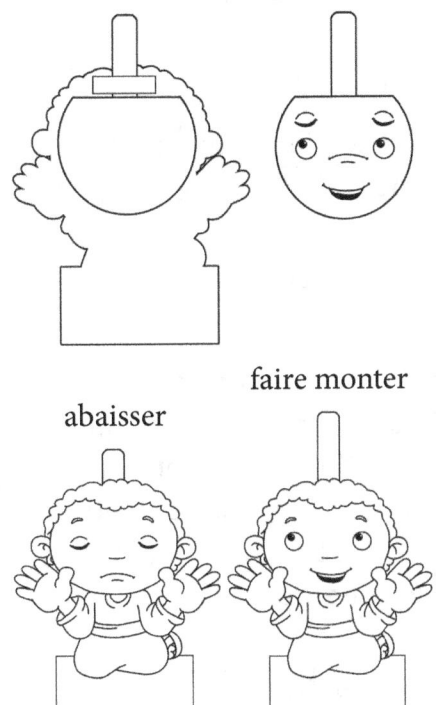

abaisser — faire monter

Merci mon Seigneur, pour mes petits yeux.
(Formez un petit cercle autour des yeux avec vos pouces et vos index, puis agrandissez-le progressivement)

Activité manuelle : L'homme aveugle voit !

Les enfants peuvent colorier et découper les modèles fournis le long des lignes grises. Aidez-les à découper les parties grises de la bouche et des yeux. Vous aurez besoin d'un bâtonnet de glace pour chaque enfant. Collez-le (ou scotchez-le) au dos du cercle où se trouve le visage. Collez ou scotchez ensuite, le petit rectangle pour maintenir le visage en place, selon l'exemple ci-contre. Les enfants pourront alors s'amuser à pousser ou tirer les yeux et la bouche pour raconter l'histoire.

Feuilles d'activité : (La Bible et mes crayons NT)

Page à colorier
Rends-les heureux

Idée de prière et de louange :

Remplissez un récipient de sable (si vous n'en avez pas, prenez du riz, des haricots secs, des lentilles, etc.) Recouvrez des petits jouets et des objets à l'aide du sable. Bandez les yeux aux enfants, les uns après les autres. L'enfant creuse pour trouver un petit objet. Après avoir deviné ce dont il s'agit, il remercie Dieu ou prie pour une chose en rapport avec cet objet.
Voici quelques idées d'objets : un petit personnage Lego, une pièce de monnaie, une cuillère, un stylo, un élastique à cheveux, un bouton, une éponge, un petit jouet en forme de chaise, de chaussure ou de nourriture, un caillou, etc.

histoire 45 : Enfin retrouvée

(Luc 15:4-7) Sujet de la leçon : J'apprends à réagir

Le verset à mémoriser :

N'aimons pas seulement en paroles ou avec de beaux discours, mais en actions et en vérité. (1 Jean 3:18)

Le support visuel de l'histoire :

Servez-vous d'un personnage Lego ou Playmobil en guise de berger. Prenez des boules de coton pour les moutons ainsi que des branchages et des pierres pour illustrer l'endroit où l'agneau est resté coincé. Prévoyez aussi un tissu et une cordelette dont les enfants peuvent se servir en guise de coiffe pour se déguiser à tour de rôle en berger. Essayez de vous procurer un pull ou un manteau en laine blanche pour habiller le berger.

Jeu n°1 : Le berger et la brebis

Les enfants s'assoient au sol tout autour de la pièce. Un enfant, à qui on bande les yeux, est choisi pour jouer le rôle du berger et un autre pour être la brebis du berger. (Le berger peut se déguiser avec la coiffe et le manteau blanc). Les deux enfants se placent chacun à une extrémité de la pièce. Le berger avance à tâtons pour tenter de retrouver sa brebis. Les autres enfants l'aident en frappant lentement dans les mains s'il est éloigné et de plus en plus vite, au fur et à mesure qu'il se rapproche. Prévoyez une ou deux minutes par tour puis changez de berger et de brebis pour que tous les enfants puissent essayer de retrouver le petit agneau.

Discussion :

• Quelle impression cela vous a-t-il fait de jouer le rôle du berger qui cherche sa petite brebis, sans voir où vous alliez ?
• Qu'avez-vous ressenti en retrouvant enfin votre brebis ?
• Avez-vous pensé à votre voiture en Lego qui se trouve à la maison ou à votre dessert préféré, pendant que vous cherchiez votre brebis ? Pour quelle raison ?
• Que faites-vous lorsque quelqu'un est vraiment en difficulté ? Si quelqu'un tombe, par exemple, se blesse gravement et qu'il n'y a aucun adulte à proximité, que pourriez-vous faire pour l'aider ?

• Qu'aimeriez-vous que les autres fassent pour vous quand vous avez besoin d'aide, quand vous êtes malades par exemple ?

Jeu n°2 : Trouve l'agneau perdu

Donnez un mouton en peluche ou une autre peluche à un des enfants et demandez-lui de le cacher quelque part dans la pièce. Pendant ce temps, les autres enfants restent assis à table ou par terre et se couvrent les yeux avec leurs mains. Lorsque le signal « partez » est donné, ils vont à la recherche du petit agneau. Le premier qui parvient à le trouver peut, à son tour, aller le cacher. Le jeu recommence jusqu'à ce que tous les enfants qui le souhaitaient aient pu chercher et cacher l'agneau.

Discussion :

• Quel partie du jeu avez-vous préférée ?
• Vous êtes-vous mis dans la peau du berger en train de chercher sa brebis perdue ?
• Vous arrive-t-il de perdre des choses dans votre chambre ou à la maison ?
• Qui a déjà un jour perdu une chaussure ou une chaussette ?
• Avez-vous trouvé ça drôle de la chercher ? Pour quelle raison ?
• Avez-vous arrêté de la chercher par découragement ?
• Ou avez-vous plutôt continué à chercher parce que vous en aviez vraiment besoin ?
• Pourquoi le berger a-t-il continué ses recherches même s'il ne l'a pas trouvée tout de suite ?
• Quelle personne ne renonce jamais à nous, et est toujours prête à nous sauver et à nous aider ?

Activité manuelle : Un agneau tout mignon

Découpez les deux ovales dans les modèles fournis. Vous aurez besoin d'une boite de cotons-tiges, d'un paquet de coton hydrophile et de deux pinces à linge par enfant. Coupez les cotons-tiges de manière à ne garder que les deux extrémités. Deux bouts serviront pour les oreilles et trois pour les cheveux (1). Mettez un point de colle blanche à l'endroit où vous souhaitez les placer puis laissez sécher. Pour le corps, utilisez du coton hydrophile (2). Ajoutez un petit ruban sur le dessus de la tête (pour les filles) ou sous la tête (pour les garçons). Collez ensuite les deux pinces à linge en guise de pattes (3).

notes

Découpez la carte avec le verset et fixez-la à l'arrière de l'agneau, dans les pinces à linge. Les enfants pourront emporter leur petit agneau à la maison et le poser sur leur bureau ou sur une étagère ne pas oublier de montrer de l'amour aux autres et de répondre à leurs besoins.

Feuilles d'activité : (La Bible et mes crayons NT)
Page à colorier
Cache-cache

Idée de prière et de louange :

Trouvez un petit animal en peluche pour chaque enfant. Les enfants pourront le tenir en main et le serrer tendrement dans les bras tout en disant leur prière et en faisant semblant d'être un berger pour leur petit agneau. Vous pouvez, au préalable, demander aux enfants d'apporter leurs propres peluches ou vous servir des quelques peluches dont vous disposez, et les enfants les prendront à tour de rôle. Répétez cette prière tous ensemble : « Jésus, merci d'être notre bon berger, de pourvoir à nos besoins et de prendre si bien soin de nous. Aide-nous aussi à être soucieux d'aider autour de nous quand nous voyons quelqu'un dans le besoin. Aide-nous à répondre aux besoins des autres et à faire ce que nous pouvons pour les aider à aller mieux. Amen. »

histoire 46

Le paralytique

(Marc 2:1-12) Sujet de la leçon : Je suis un(e) ami(e)

Le verset à mémoriser :

Un véritable ami est plus loyal qu'un frère. (Proverbe 18:24)

Le support visuel de l'histoire :

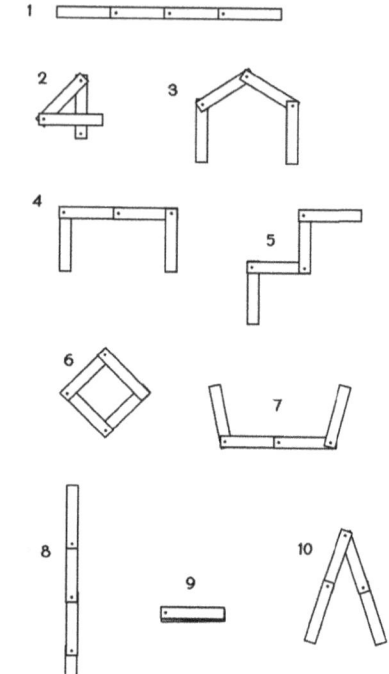

Reliez quatre bandelettes en carton à l'aide d'attaches parisiennes. Servez-vous des exemples illustrés ci-contre pour raconter l'histoire d'une façon amusante et personnalisée.

Voici les phrases clés qui vous seront utiles :
1. Un homme couché sur son lit.
2. Il avait 4 amis.
3. La maison où Jésus enseignait.
4. À cette époque, les maisons avaient des toits plats.
5. Il y avait trop de monde dans la maison, ils montèrent donc les escaliers.
6. Ils firent un trou dans le toit.
7. Ils fixèrent des cordes au brancard et le firent descendre.
8. Jésus dit à l'homme de se lever.
9. L'homme plia son brancard.
10. Il partit en marchant (les jambes de déplacent d'arrière en avant).

Jeu n°1 : Lève-toi...lève-toi...et marche !

Les enfants forment un cercle et s'assoient par terre (ou sur leurs chaises, si vous n'avez pas suffisamment de place au sol). Choisissez un enfant pour jouer le rôle de Jésus. Celui-ci fait le tour du cercle en marchant et donne au passage, une petite tape sur chaque tête.

Dès qu'il pose sa main sur une tête, il prononce les mots « Lève-toi ! ». Il peut répéter cet ordre à quatre enfants d'affilés, mais c'est seulement lorsqu'il dit au cinquième : « ...et marche ! », que celui-ci se lève d'un bond pour tenter de l'attraper. « Jésus » court alors pour prendre la place de l'enfant qui le poursuit. Ce dernier dit « Merci ! » à « Jésus » (qui se rassoit) puis le serre dans ses bras. C'est ensuite à son tour de jouer le rôle de Jésus, et de choisir un autre enfant qu'il fera se lever et marcher.

Discussion :

• Vous souvenez-vous d'un jour où Jésus vous a guéri ?
• Vous souvenez-vous d'un jour où Jésus a guéri quelqu'un que vous connaissez ?
• Avez-vous déjà pris soin d'un ami ou d'un membre de la famille qui était malade ? Qu'avez-vous fait pour lui/elle ?
• De quoi avez-vous le plus envie d'être entourés quand vous êtes malades ?

- Est-ce que vos amis vous manquent quand vous ne pouvez pas jouer avec eux ?
- Quel geste de gentillesse pourriez-vous faire pour un ami malade ?

Activité manuelle n°1 : Un mobile

Coloriez les images de Jésus, du paralytique et de ses amis, puis découpez-les. Reliez chaque personnage au dessin du toit, à l'aide d'un fil ou d'un ficelle fixée avec du ruban adhésif, selon l'exemple ci-contre.
Ajoutez le rectangle blanc au dos du toit, pour former une pochette. Commencez par placer l'homme qui marche dans la pochette. Puis, lorsque Jésus guérit le paralytique, placez celui-ci dans la pochette, et sortez l'homme qui marche pour qu'il soit aux côtés de Jésus. Révisez ensemble le verset avant que les enfants ne repartent.

Activité manuelle n°2 : Une couronne d'amis

Distribuez une feuille de papier coloré à chaque enfant. Demandez-leur de tracer les contours d'une main puis de la découper. Ils peuvent alors y écrire ou y dessiner l'exemple d'un jour où un ami leur a donné un coup de main. Lorsque toutes les mains sont terminées, collez-les les unes aux autres pour former une couronne. Ajoutez-y un ruban coloré pour vous rappeler combien c'est merveilleux d'avoir des amis prêts à aider.

Feuilles d'activité : (La Bible et mes crayons NT)

Page à colorier
De bons amis

Idée de prière et de louange :

Servez-vous des quatre images de bonhommes, et placez-les aux quatre coins de la table ou par terre. Prenez une petite bouteille en plastique vide que chaque enfant fera tourner sur elle-même à tour de rôle. Pour prier, l'enfant s'inspirera de l'image que la bouteille désignera (ou celle dont la bouteille s'approchera le plus).
Voici quelques idées de prière :
Le bonhomme couché : les enfants s'allongent pour prier. Ils peuvent aussi remercier Dieu de ne pas devoir rester couché toute la journée comme le pauvre paralytique.
Le bonhomme qui marche : les enfants prient pour un sujet tout en marchant.
Le bonhomme qui saute de joie : les enfants prient pour un sujet tout en bondissant de joie.
Le bonhomme qui loue Dieu : les enfants lèvent leurs bras tout en remerciant Dieu.

histoire 47 : Un petit garçon partage

(Jean 6:1-14) Sujet de la leçon : J'aime partager

Le verset à mémoriser :

Sois généreux, prêt à partager avec les autres.
(1 Timothée 6:18)

Le support visuel de l'histoire :

Prévoyez une corbeille et mettez-y cinq bouchons en liège en guise de pains et deux couvercles de bouteilles bleus ou blancs en guise de poissons. Tracez quelques lignes sur les bouchons pour la forme du pain et un œil et une bouche sur les couvercles. Si vous le souhaitez, vous pouvez également coller des nageoires et une queue sur les couvercles.
Terminez la leçon par un délicieux goûter fait de petits toasts de poisson fumé.

Jeu n°1 : Une comptine à apprendre

Voici une petite comptine que les enfants peuvent apprendre ensemble en même temps que les gestes.
À Jésus, je voudrais ressembler, (lever le doigt vers Jésus)
Être gentil et plein d'amour. (se faire un câlin en serrant ses propres bras contre sa poitrine)
Offrir beaucoup de sourires ; (montrer sa bouche du doigt et sourire)
Partager tous mes jouets. (faire semblant d'offrir un jouet)
Plaire à Jésus, tous les jours. (ouvrir grand les bras pour le mot « tous »)

Discussion :

• Quels objets avez-vous l'habitude de partager avec les autres?
• N'y a-t-il que des choses matérielles telles que des jouets, de la nourriture ou des habits que l'on peut partager ?
• À qui pensez-vous quand on vous parle de partage ?
• Qui partage le plus facilement quand vous êtes avec vos amis ? Est-ce vous, vos amis, ou chacun à tour de rôle ?
• Connaissez-vous des personnes qui ne savent pas partager ?
• Pourquoi pensez-vous qu'ils se comportent de cette façon ?
• Que ressentez-vous face à cela ?

Jeu n°2 : Changez de place !

Les enfants s'installent en cercle, par terre ou sur des chaises. L'animateur chuchote à l'oreille de chaque enfant le mot « pain » ou le mot « poisson ». Un enfant, pour qui aucune place n'est prévue dans le cercle, se tient debout au centre.

Lorsque ce dernier appelle les « pains » ou les « poissons », tous ceux à qui on a attribué le nom qui est appelé, courent pour changer de place. À ce moment précis, celui qui se trouve au centre tente lui-aussi de trouver une place. L'enfant qui n'en trouve pas se retrouve au centre du cercle et le jeu recommence. Pour pimenter le jeu, modifiez la manière dont les enfants se déplacent pour changer de place, par exemple : en marchant, en sautant, en tournant sur eux-mêmes, en faisant des pas minuscules, en rampant, en galopant, en faisant des pas chassés, etc.

Activité manuelle n°1 : Le petit garçon qui partage

Coloriez puis découpez le petit personnage. Pliez le long des pointillés puis collez le petit rabat sur le grand de façon à le faire tenir debout, comme dans l'exemple ci-contre. Distribuez une feuille de papier à chaque enfant, où il pourra écrire ou dessiner ce qu'il aimerait partager avec d'autres personnes. Les enfants pourront décorer la feuille avant de l'enrouler et de la glisser dans leur petit personnage.

Activité manuelle n°2 : Le panier en carton

Les enfants colorient et découpent leurs modèles (uniquement le long des lignes noires). Pliez ensuite le long des pointillés. Collez les coins puis ajoutez l'anse. Distribuez ensuite des bouchons en liège et des couvercles de bouteilles aux enfants qui pourront s'en servir pour s'amuser à créer leurs pains et leurs poissons. Procédez de la même manière que pour ceux qui ont servi à raconter l'histoire. Si vous n'avez pas ces accessoires à votre disposition, servez-vous des modèles de pains et de poissons qui sont fournis. Demandez aux enfants de coller leur carte avec le verset à l'intérieur de la corbeille pour le lire ensemble puis d'y déposer leurs pains et leurs poissons.

Feuilles d'activité : (La Bible et mes crayons NT)

Page à colorier
De bons amis

Idée de prière et de louange :

Préparez une corbeille où vous mettrez des morceaux de papier brun en forme de pains et bleu ou gris en forme de poissons. Notez (ou dessinez, si les enfants ne savent pas encore lire) un sujet de prière sur chaque pain et un sujet de reconnaissance sur chaque poisson. Lors de votre temps de prière, les enfants en piochent un de chaque sorte et prient et remercient Dieu, à tour de rôle, pour ce qu'ils découvrent sur leurs papiers.

histoire 48 : Prends le temps d'écouter

(Luc 10:38-42) Sujet de la leçon : Je mets Jésus en premier

Le verset à mémoriser :

Dans tout ce que tu fais, mets Dieu en premier, et il guidera tes pas. (Proverbes 3:6a)

Le support visuel de l'histoire :

Servez-vous de deux figurines de femmes (provenant de Lego, Playmobil ou des poupées). Prévoyez un balai, de la vaisselle, un torchon de cuisine, des fruits, un saladier et tout ce qui vous sera utile pour préparer une salade de fruits toute simple pendant que vous lirez l'histoire et parlerez du travail sans relâche de Marthe. Apportez un coussin et une Bible pour Marie qui s'asseoit et écoute Jésus.

Jeu n°1 : Un petit sketch

Faites usage de ce sketch pour enseigner aux enfants à rester centré sur ce qui est le plus important dans leur vie. Voici quelques accessoires utiles : un sachet en papier, une serviette, une paille, un sachet de ketchup, un gobelet en carton avec son couvercle (vous trouverez facilement tout cela dans un fast-food.)

« Vous arrive-t-il d'avoir faim à l'église ? Parfois, j'ai tellement faim que je me dis que je ne tiendrai pas le temps de la prédication. C'est ce qui s'est produit ce matin-là. Je suis alors allé au McDonald et j'ai pris un hamburger. Excusez-moi, mais je vais le manger tout de suite. (sortez les articles, un à un, du sachet en papier en faisant une remarque au sujet de chacun d'eux. Lorsque vous avez tout retiré du sachet, exprimez votre surprise et votre préoccupation car quelque chose semble manquer : le hamburger.) Voyez-vous ça ! Je me suis tellement soucié de prendre toutes ces choses qui accompagnent mon hamburger que j'ai oublié le plus important. J'ai oublié de prendre le hamburger !

Vous vous dites sûrement que j'ai l'air un peu ridicule d'avoir oublié le hamburger, car après tout, c'était le plus important. Eh bien, je ne suis pas la seule personne à avoir fait quelque chose de ridicule. C'est de cela que parle notre leçon ce matin. Jésus dit à Marthe :

« Marthe, Marthe, tu te fais du souci et tu t'inquiètes de tant de choses. Il n'y a qu'une seule chose qui est importante. Marie a choisi cette chose-là et elle ne lui sera pas ôtée. »

Beaucoup d'entre nous font la même erreur que Marthe. Nous sommes si occupés à travailler, à aller à l'école, à jouer ou à regarder la télévision que nous oublions souvent ce qui compte le plus. Nous oublions de passer du temps avec Jésus ! Ne passons pas notre temps à faire de bonnes choses au point de laisser le meilleur de côté ! Après tout, c'est Jésus qui compte le plus ! »

Discussion :

- Vous arrive-t-il d'oublier des choses importantes comme c'était mon cas ?
- Vous arrive-t-il parfois d'oublier de faire ce qui compte le plus ?
- Quelle est la chose qui compte le plus ?
- Que faites-vous pour vous souvenir de passer du temps avec Jésus ?

Jeu n°2 : Suivez le meneur et écoutez !

Les enfants se tiennent debout en cercle. Sur un fond musical, l'animateur ou un enfant qui se porte volontaire mime une action en lien avec le ménage (faire la cuisine, mélanger la soupe, balayer, nettoyer, etc.) Tous les enfants imitent cette action. Puis, c'est au suivant dans le cercle de mimer une autre action qui est également en lien avec le ménage et tous les enfants l'imitent à nouveau. Lorsque la musique s'arrête, les enfants se figent et écoutent l'animateur lire le verset à mémoriser. Puis, la musique reprend. Poursuivez ainsi jusqu'à ce que tous les enfants aient pu chacun, mimer une action différente.

Discussion :

- Quelles tâches faites-vous à la maison pour aider vos parents ?
- Est-ce important de faire tout cela ? Pour quelles raison ?
- Qu'aimez-vous faire dans la journée ?
- Aimez-vous jouer, aller à l'école, regarder la télévision, manger de bonnes choses ?
- Qu'est-ce qui est encore plus important que toutes ces choses ?
- Est-ce que vos parents passent du temps avec Dieu ? À quel moment le font-ils ?
- Est-ce que vous passez du temps avec Dieu, chaque jour ? À quel moment le faites-vous ?
- Comment vous sentez-vous après avoir travaillé dur, fait le ménage ou la cuisine ?
- Comment vous sentez-vous après avoir passé du temps à lire la Bible ou à prier ?

notes

Activité manuelle :
Le triangle de Marie et de Marthe

Coloriez les illustrations puis découpez-les le long des lignes grises. Pour réaliser le livre que tient Marie, assemblez les deux petits rectangles de papier, pliez le long des pointillés et agrafez-les. Collez le dos du livre sur Marie. Pour la cuillère, faites une fente dans le saladier de Marthe et glissez-y la cuillère. Lisez le verset ensemble puis notez une petite prière en lien avec le thème de la leçon : faire passer Dieu en premier dans nos vies. Pliez le long des pointillés et collez un rabat sur l'autre de façon à obtenir un triangle. Le triangle est maintenant prêt à tenir debout.

Feuilles d'activité : (La Bible et mes crayons NT)
Page à colorier
De bons amis

Idée de prière et de louange :
Distribuez une fourchette en plastique à chaque enfant et faites circuler l'assiette ou la coupelle avec la salade de fruits (que vous avez préparée pendant que vous racontiez l'histoire). Au premier tour, les enfants plantent leur fourchette et prennent un morceau de fruit en demandant à Dieu de les aider à se souvenir de passer du temps avec lui. Au tour suivant, ils remercient Dieu pour une chose qu'ils aiment faire et qui est en rapport avec Dieu.

notes

histoire 49

Le bon Samaritain

(Luc 10:25-37) Sujet de la leçon : J'ai de la compassion

Le verset à mémoriser :

Dieu est miséricordieux et compatissant, riche en bonté et fidélité. (Psaume 86:15)

Le support visuel de l'histoire :

Servez-vous des petits personnages disponibles dans les modèles comme aide visuelle pour raconter l'histoire. Coloriez, découpez et collez-les sur des bâtonnets de glace pour en faire des marionnettes. Vous pouvez également demandez aux enfants de tenir les marionnettes derrière un tableau ou un drap pour jouer les rôles des personnages.

Jeu n°1 : Des sentiments et des actes remplis d'amour

Les enfants s'assoient en cercle au sol, en se regardant les uns les autres. Un premier enfant réfléchit à un sentiment ou à un acte rempli d'amour. Dès qu'il est prêt, il la « fait passer » à son voisin en la mimant. Ce dernier devine ce dont il s'agit et l'annonce à voix haute. S'il y parvient, c'est alors à son tour de mimer un sentiment ou un acte rempli d'amour pour le faire deviner au joueur suivant dans le cercle. Le jeu se termine lorsque tous les enfants ont pu, à tour de rôle, deviner et mimer.

Discussion :

• De quelle manière vous a-t-on témoigné de l'amour aujourd'hui ?
• De quelle manière avez-vous témoigné de l'amour à une autre personne ?
• Est-ce uniquement grâce à nos mots que nous pouvons faire cela ?
• Qu'est-ce qui est encore plus important que nos paroles ?
• De quelle manière pouvons-nous montrer de la compassion ?

Jeu n°2 : La course de relais du bandage

Vous aurez besoin de petites bandelettes de tissu (autant que possible en vous servant d'un vieux drap). Placez deux chaises à l'extrémité de la pièce et, sur chacune d'elles, mettez une poupée ainsi que la moitié des bandelettes. Faites deux équipes qui se rangent chacune en file indienne. Le premier jour de chaque équipe court jusqu'à l'autre bout de la pièce en direction des chaises.

Il prend une bandelette et la met autour du bras, de la jambe ou de la tête de la poupée puis retourne vers son équipe. Le joueur suivant fait de même. L'équipe qui parvient en premier à couvrir complètement sa poupée de bandelettes a gagné.

Discussion :

- À quelle vitesse avez-vous réagi pour aider la poupée ?
- Pourquoi vous êtes-vous dépêchés pour ce jeu ?
- Si cela se produisait dans la vie réelle, pourquoi agiriez-vous le plus vite possible ?
- Pensez-vous plutôt à toutes les autres choses qu'il faut d'abord terminer ? Ou, vous précipitez-vous le plus vite possible pour apporter votre aide ?
- De quelle manière pouvons-nous agir rapidement pour aider les autres, comme dans le jeu ?

Activité manuelle : Le cœur et les pieds

Cette petite activité fera comprendre aux enfants que si nos cœurs sont remplis d'amour et de compassion, alors nos pieds pourront se mettre en route pour agir en faveur des autres. Demandez aux enfants de colorier et découper les illustrations du cœur et des pieds. Distribuez à chaque enfant une longue bandelette de papier coloré et expliquez-leur comment la plier en accordéon (voir les explications ci-contre). Terminez l'accordéon en collant les extrémités. Puis, collez une des extrémités aux pieds, et l'autre au cœur. Les enfants pourront alors se servir de leurs pieds pour bondir (c'est à dire : bouger de manière soudaine avec un mouvement rapide, dans une direction particulière) et montrer de la compassion.

Feuilles d'activité : (La Bible et mes crayons NT)

Page à colorier
De bons amis

Idée de prière et de louange :

Distribuez à chaque enfant un cœur découpé dans du papier coloré. Ils pourront y dessiner de quelle façon ils souhaitent montrer plus d'amour et de compassion aux autres avec l'aide de Dieu. Prenez ensuite une minute pour exprimer une prière silencieuse à Jésus et lui demander de l'aide dans ce domaine. Lorsque tout le monde a terminé, chacun peut parler d'un épisode où on lui a témoigné de l'amour et de la compassion puis chacun colle son cœur sur un cœur de taille plus grande pour exprimer tout l'amour que Dieu a pour nous.

histoire 50 : Le papa qui pardonne

(Luc 15:11-32) Sujet de la leçon : Je suis pardonné(e)

Le verset à mémoriser :

Là où le péché était grand, la bonté de Dieu a été encore plus grande. (Romains 5:20-21)

Le support visuel de l'histoire :

Utilisez deux personnages Playmobil ou Lego pour illustrer le père et le fils, des pièces de monnaie factices, des bijoux et des habits raffinés pour parler du fils lorsqu'il fut riche et des vieux habits déchirés lorsqu'il devint pauvre. Vous pouvez également vous servir de guimauve pour illustrer les cochons et du chocolat fondu en guise de boue, que les enfants mangeront plus tard pour le goûter.

Jeu : Faites tourner et pardonnez

Les enfants s'assoient en cercle par terre ou autour d'une table. Vous aurez besoin d'une bouteille en plastique vide. Le premier joueur la fait tourner sur elle-même et dit à la personne qui a été désignée par la bouteille : « Je regrette si je t'ai offensé ou si je t'ai blessé. » Ce dernier répond : « D'accord, je te pardonne ! » C'est une bonne idée pour s'entraîner à pardonner et cela leur facilitera les choses lorsqu'ils seront en situation réelle.

Discussion :

• Qu'avez-vous ressenti en demandant pardon ?
• Qu'avez-vous ressenti en pardonnant ?
• Avez-vous déjà, un jour, trouvé cela difficile de dire à quelqu'un « je suis désolé » ?
• La personne vous a-t-elle pardonné quand vous vous êtes excusés ?
• Imaginez que vous portiez un énorme sac à dos rempli de grosses pierres (vous pouvez essayer, si vous le souhaitez). Qu'avez-vous ressenti ?
• Je vais maintenant vous aider à l'enlever. Comment vous sentez-vous à présent ? C'est un peu comme cela que fonctionne le pardon. Quand on pardonne aux autres, on se sent tellement mieux.

Activité manuelle : Un cœur qui pardonne

Les enfants colorient puis découpent l'illustration du papa et de son fils. Retournez le découpage et dessinez les visages et la face avant des corps. Pliez le long des pointillés du milieu puis mettez les personnages debout de manière à ce que le papa et son fils se regardent. Pliez les bras comme s'ils s'embrassaient. Vous pouvez coller les mains à leur place ou simplement les laisser pliées. Glissez la petite carte avec le verset entre le père et le fils pour vous rappeler de témoigner de l'amour et à pardonner.

Feuilles d'activité : (La Bible et mes crayons NT)

Page à colorier
Remets de l'ordre

Idée de prière et de louange :

Vous aurez besoin de cinq bouteilles en plastique que vous remplirez à moitié d'eau ainsi que d'une balle de tennis. Placez les bouteilles sur une table ou par terre, face à un mur. Imaginez que la balle de tennis représente votre prière. Chaque enfant lance, à tour de rôle, sa « balle de prière » en visant les bouteilles (comme pour atteindre une situation ou une personne dans le besoin, au travers de sa prière). L'enfant continue de prier jusqu'à ce qu'il fasse tomber toutes les bouteilles en tirant autant de fois que nécessaire.

histoire 51 — Un seul revient

(Luc 17:11-19) Sujet de la leçon : Je dis merci

Le verset à mémoriser :

Rendez grâces en toutes choses, car cela plaît à Dieu.
(1 Thessaloniciens 5:18)

Le support visuel de l'histoire :

Demandez à deux volontaires de raconter l'histoire. Le premier se tient debout face au groupe et joue le rôle du lépreux. Le second tient un rouleau de papier toilette et le déroule autour de celui qui est debout. Vous pouvez demander à un autre enfant de le remplacer dès qu'il en a assez de faire cela. Continuez jusqu'à ce que l'enfant soit complètement couvert de papier. Un ou deux autres enfants peuvent alors venir aider à défaire les bandelettes au moment où l'histoire parle de sa guérison. Dès que tout le papier a été ôté, il peut sauter de joie et remercier Dieu.

Jeu : Une tonne de remerciements

Les enfants s'assoient en cercle. En tant que meneur, placez-vous au milieu. Imaginez une chose à offrir à un enfant et lancez-lui une balle souple qui symbolise cette chose-là. Par exemple : « une petite voiture pour jouer », « un dîner au restaurant », etc. Lorsque l'enfant attrape la balle, il récite le verset à mémoriser : « Rendez grâces en toutes choses... » puis il dit un grand « Merci ! » au meneur. Puis, cet enfant prend la place du milieu et lance la balle au prochain joueur de son choix en lui offrant un cadeau imaginaire. Continuez jusqu'à ce que chaque enfant ait pu être le meneur.

Discussion :

- Qu'avez-vous ressenti en offrant un cadeau imaginaire ?
- Qu'avez-vous ressenti en disant merci ?
- Qu'avez-vous ressenti en recevant un « merci » ?
- Pensez-vous toujours à être reconnaissant ?
- Quand y pensez-vous le plus souvent ?
- Quand oubliez-vous de le faire ?
- À votre avis, pourquoi vous arrive-t-il d'oublier de remercier quelqu'un ?
- Est-ce difficile de faire des efforts pour remercier quelqu'un ? Donnez un exemple.
- À quand remonte la dernière fois où on vous a remercié pour quelque chose ?
- De quoi vous a-t-on remercié, et qu'avez-vous ressenti ?

Activité manuelle :
L'arbre de la reconnaissance

Cette activité aidera les enfants à penser à dire merci tout au long de la journée et à noter toutes les fois où ils le font. Les enfants colorient et découpent leurs illustrations. Découpez un petit bout de carton que chaque enfant collera sur l'arbre, à l'intérieur des contours du petit garçon. Puis collez le petit garçon sur ce morceau de carton pour lui donner un chouette effet 3D. Découpez ensuite des feuilles d'arbres dans du papier vert.

À chaque fois qu'un enfant dira « merci » pour quelque chose, que ce soit à un autre enfant, à l'animateur ou à Jésus en priant, il pourra coller une petite feuille sur son arbre. Les enfants pourront emporter le reste des feuilles à la maison et continuer à compléter leur arbre à chaque fois qu'ils utilisent leurs propres mots pour dire merci. Observez avec les enfants de quelle manière l'arbre se remplit de couleur lorsqu'ils sont reconnaissants.

Feuilles d'activité : (La Bible et mes crayons NT)

Page à colorier
Le message secret

Idée de prière et de louange :

Écrivez le nom de chaque enfant avec de grosses lettres gonflées. Les enfants écrivent ou dessinent, à l'intérieur des lettres, ce pourquoi ils se sentent uniques, pour remercier Dieu. Par exemple : « Merci Seigneur parce que je cours vite ou parce que je sais dessiner. Merci Seigneur parce que j'aide beaucoup Maman quand elle fait la cuisine. Merci pour mes beaux cheveux longs. », etc.

notes

histoire 52

Un homme changé

(Luc 19:1-10) Sujet de la leçon : Je me repens

Le verset à mémoriser :

Si nous reconnaissons nos péchés, il nous pardonnera et nous purifiera de tout mal. (1 Jean 1:9)

Le support visuel de l'histoire :

Racontez l'histoire en vous servant des illustrations de Zachée mises à votre disposition. Vous avez la possibilité d'en faire des marionnettes à l'aide de bâtonnets de glace (voir l'exemple ci-contre), des marionnettes à l'aide de pinces à linge (à fixer sur différents supports) ou même de les faire tenir debout en les collant sur un rouleau de papier toilette vide. Vous pouvez ajouter quelques autres accessoires, tels qu'un sac en tissu rempli de pièces, une branche d'arbre et un service à thé à utiliser lorsque Jésus dîne avec Zachée.

Jeu : Les assiettes musicales

Vous aurez besoin d'une assiette en papier pour chaque enfant, en plus d'une assiette pour Zachée.
Les enfants écrivent leur nom au centre de leur assiette et dessinent tout autour des caractéristiques qui les représentent. Pendant ce temps, l'animateur écrit le nom de Zachée sur une assiette, et y ajoute ses caractéristiques (petit, tricheur, riche, seul, sans ami, repenti, qui a changé de vie, etc.)
Placez toutes les assiettes à l'envers, par terre au milieu de la pièce. Mettez de la musique pour que les enfants dansent. Lorsque la musique s'arrête, les enfants se retrouvent face à une assiette et la retournent pour découvrir le nom qui y est inscrit. Celui a l'assiette de Zachée prend place pour dîner avec Jésus (avec sa propre assiette). Continuez le jeu jusqu'à ce que tous les enfants aient pu s'asseoir pour dîner avec Jésus.

Discussion :

• Est-ce que Jésus nous connaît par notre nom ?
• Comment a-t-il appelé le petit homme perché sur un arbre ?
• Connaît-Il toutes les choses que nous avons faites, les bonnes et les mauvaises ?
• Nous aime-t-Il toujours de la même manière ?
• Jésus a-t-il manifesté de l'amour envers Zachée même s'il était mauvais et que personne de l'aimait ?
• Qu'a fait Zachée pour montrer qu'il regrettait ?
• Que faites-vous après avoir fait quelque chose de mal ?

Activité manuelle :
Zachée perché sur un arbre

Vous aurez besoin d'un rouleau de papier toilette pour chaque enfant. Faites deux fentes sur le haut du rouleau (1). Les enfants colorient et découpent les feuilles et le personnage de Zachée, puis glissent les feuilles dans les fentes. Placez la fine bandelette de papier autour du rouleau (mesurez-la exactement) et fixez les extrémités pour obtenir un anneau. Collez-y les pieds de Zachée (2). Vous pouvez alors le faire glisser de bas en haut tout en racontant l'histoire de Zachée qui grimpe à l'arbre pour voir Jésus puis qui redescend pour dîner avec lui (3). Glissez votre carte avec le verset au dos de l'arbre (également dans les fentes du rouleau), pour pouvoir le réviser facilement.

Feuilles d'activité : (La Bible et mes crayons NT)

Page à colorier
Les mots cachés

Idée de prière et de louange :

Pour chaque enfant, il vous faudra un ballon gonflé et un marqueur. Les enfants écrivent ou dessinent une chose pour laquelle ils veulent demander pardon à Dieu. Priez en silence pendant une minute pour que les enfants puissent exprimer cela à Jésus. Puis, les enfants lancent leur ballon en l'air (à l'extérieur ou à l'intérieur, comme vous préférez) et le rattrapent pour le faire éclater, pour symboliser Jésus qui a entendu la prière et leur a pardonné. « Il ne se souvient plus de nos péchés. » (Esaïe 43:25)
Une alternative consiste à prévoir des ballons à l'hélium si vos enfants préfèrent ne pas les faire éclater à cause du bruit assourdissant. Les enfants notent sur un papier ce pour quoi ils demandent pardon et le collent autour de la ficelle du ballon. Les enfants disent tous « pardon » en même temps, en laissant leurs ballons s'élever, hors d'atteinte, jusqu'au plafond. Expliquez-leur que lorsque nous demandons pardon à Dieu, non seulement Il nous pardonne, mais Il oublie également le mal que nous avons fait. Il nous donne alors la possibilité de prendre un nouveau départ. Les enfants peuvent, plus tard, emporter leurs ballons à la maison pour se souvenir des choses qu'ils aimeraient améliorer.

histoire 53 — Une entrée triomphale

(Luc 19:37-38; Jean 12:12-13) Sujet de la leçon : Je déborde d'enthousiasme

Le verset à mémoriser :

C'est ici la journée que le Seigneur a faite : vivons-la dans la joie et l'allégresse. (Psaume 118:24)

Le support visuel de l'histoire :

Servez-vous d'une figurine d'âne et d'un petit personnage pour représenter Jésus. Récupérez de nombreux couvercles de bouteilles ou de cailloux pour illustrer la foule. Rassemblez de grandes feuilles d'arbres, faites-y des fentes et demandez aux enfants de les agiter en criant « Hosanna au roi ! »

Jeu : L'allée de la louange

Demandez aux enfants de former deux rangées, face à face, pour créer une allée. Parlez-leur de Jésus qui entrait à Jérusalem sur un ânon et de tout les gens qui le louaient et chantaient « Hosanna ! » Puis, à tour de rôle, chaque enfant passe au travers de l'allée, pendant que les autres s'écrient « Hourra ! » ou « Bravo _____(nom de l'enfant) » et l'acclament. Ils peuvent dire des choses encourageantes ou faire les compliments qui leur viennent à l'esprit, pour que l'enfant qui traverse l'allée se sente aimé et encouragé.

Lorsque l'enfant arrive au bout de l'allée, il rejoint le bout d'une rangée. Puis, celui qui se trouve au début de la rangée traverse à son tour l'allée. Continuez ainsi jusqu'à ce que tous les enfants aient pu passer dans l'« allée de la louange ».

Discussion :

• Quelle impression cela vous a fait de traverser l'allée ?

• Cela vous a-t-il plu de pousser des cris de joie et d'applaudir ?

• À votre avis, qu'est-ce que Jésus a ressenti quand toutes ces personnes l'ont acclamé ?

• De quelle manière, et quand pouvons-nous louer Jésus et lui exprimer notre reconnaissance ?

• De quelle manière exprimez-vous votre reconnaissance à la maison ?

• Quelle est votre manière de montrer que vous débordez d'enthousiasme pour quelque chose ?

Activité manuelle n°1 : Jésus à dos d'âne

Les enfants colorient et découpent l'illustration, puis la plient le long des pointillés. Appliquez de la colle sur le petit rabat et collez ce dernier sous le grand rabat pour que l'âne tienne debout.
Lisez tous ensemble la carte avec le verset, glissez-la dans l'âne et les enfants pourront l'emporter chez eux pour s'entraîner à être enthousiaste lorsqu'ils auront réalisé un travail avec succès.

Activité manuelle n°2 : Des branches de palmier à agiter

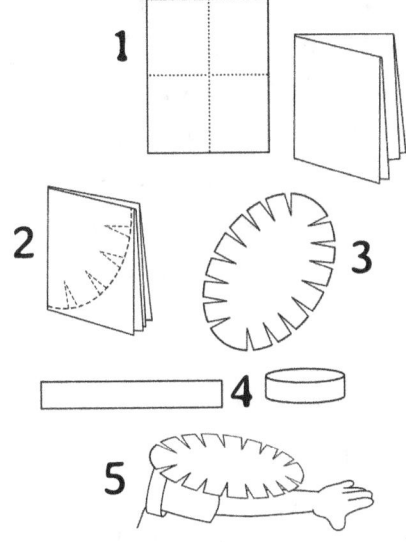

Vous aurez besoin, pour chaque enfant, de deux feuilles de papier vert de format A4.
Pliez la feuille en quatre (1). Découpez une courbe sur la partie non repliée puis quatre petites fentes en forme de triangle (2). Rouvrez la feuille (3) et collez l'extrémité de l'ovale à une bande de papier (4). Scotchez la bande de papier sur le haut du bras de l'enfant (5) pour qu'il puisse battre des bras de haut en bas (comme s'il volait) tout en agitant sa branche de palmier et en s'écriant « Hosanna au roi ! »

Feuilles d'activité : (La Bible et mes crayons NT)

Page à colorier
Cataclop, cataclop

Idée de prière et de louange :

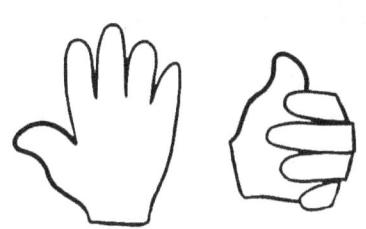

Distribuez une feuille de papier à tous les enfants. Demandez-leur d'y dessiner le contour de leurs mains puis découpez-les. Ils pourront écrire ou dessiner un sujet de reconnaissance à Dieu sur chacun des quatre doigts (sauf sur le pouce). Faites un tour de table pour que chaque enfant partage ce qu'il a écrit sur son index. Puis, chacun partage ce qu'il a mis sur son majeur, etc. Après l'avoir fait, les enfants replient le doigt en question. Lorsqu'ils ont terminé de parler de tous leurs doigts, tous sont en position repliée, sauf les pouces. Alors tous les enfants lèvent leurs mains au ciel, leurs pouces vers le haut pour remercier Dieu d'être si merveilleux et si grand !

notes

histoire 54

Bien plus qu'un repas

(Luc 22:14-20) Sujet de la leçon : Je prends le repas de Jésus

Le verset à mémoriser :

Souvenez-vous de moi chaque fois que vous mangerez de ce pain et boirez de cette coupe. (1 Corinthiens 11:24-25)

Le support visuel de l'histoire :

Disposez une nappe blanche sur votre table ou par terre et installez les enfants tout autour. Utilisez des gobelets jetables pour le jus et des biscuits salés ou une miche de pain pour partager un « goûter de sainte cène », en toute simplicité, tout en racontant l'histoire. L'animateur peut se déguiser en Jésus en portant une robe blanche et bleue. Les enfants peuvent faire semblant d'être ses disciples en portant des écharpes ou des tissus autour de la tête.

Jeu n°1: Souvenez-vous de moi

Rassemblez différents objets, souvenirs et photos de votre choix. Placez-les au centre de la table, de manière bien visible pour les enfants. Demandez à chaque enfant de choisir un objet, à tour de rôle et d'exprimer ce que ça lui rappelle. Une photo d'une personne âgée lui rappellera, par exemple, l'amour et l'attention de ses grand-parents. Un souvenir de Paris lui fera peut-être penser à un séjour en vacances ou à un ami qui a déménagé là-bas. Un jouet pour bébés lui rappellera peut-être son petit-frère ou sa petite sœur, etc. Après avoir fait participé tous les enfants, placez une miche de pain et un verre de jus de raisin sur la table. Demandez alors aux enfants à quoi ça leur fait penser.

Jeu n°2: La Sainte Cène

Asseyez-vous en cercle et placez au sol, une grande fiche avec les mots SAINTE CÈNE pour aider les enfants à les épeler. L'animateur annonce la lettre S. Le suivant dans le cercle continue avec la lettre A et ainsi de suite jusqu'à ce que les mots « SAINTE CÈNE » soient entièrement épelés. L'enfant qui termine avec la dernière lettre s'exprime au sujet d'une chose en lien avec la Sainte Cène (ce que cela veut dire, pourquoi nous le faisons, qui nous demande de le faire, etc.) Puis, le suivant recommence avec la lettre S, le suivant avec le A, puis le I, etc.

Une alternative consiste à ce que celui qui tombe sur la dernière lettre du mot Cène est éliminé. Jouez jusqu'à ce qu'il ne reste plus qu'un seul enfant qui sera le gagnant.

Discussion :

- Qui d'entre vous sait maintenant comment on écrit le mot SAINTE CÈNE ?
- Avez-vous aussi appris certaines choses à ce sujet ?
- Avez-vous déjà été dans un endroit où on prend la Sainte Cène ?
- Qu'en avez-vous pensé, et qu'avez-vous ressenti ?

Activité manuelle : Jésus et ses disciples

Coloriez les dessins puis découpez-les. Pliez la table le long des pointillés. Appliquez de la colle sur les rabats et assemblez les coins. Puis, collez les deux dessins avec les disciples sur les côtés de la table, comme dans l'exemple ci-contre. Le dessin avec sept personnages doit être collé devant les sept assiettes et celui avec les six personnages, devant les six assiettes.
Lisez tous ensemble la carte avec le verset puis collez-la sous la table. Les enfants emporteront leur bricolage à la maison et pourront le poser de manière à se souvenir de la Sainte Cène et de l'amour de Jésus pour eux.

Feuilles d'activité : (La Bible et mes crayons NT)

Page à colorier
Cherche et colorie

Idée de prière et de louange :

Remplissez une corbeille ou une boite avec des jouets. Chaque enfant en choisit un et remercie le Seigneur ou exprime une chose qui a un rapport avec l'amour et la bonté de Dieu, et qui commence par la même lettre que le jouet qu'il a pris.

histoire 55 — Jésus meurt sur la croix

(Marc 15:1-39) Sujet de la leçon : Je suis sauvé(e)

Le verset à mémoriser :

Dieu a tant aimé le monde qu'il a donné son Fils unique. Si nous croyons en lui, nous vivrons pour toujours. (Jean 3:16)

Le support visuel de l'histoire :

Imprimez et découpez des images en lien avec l'histoire, que vous trouverez sur internet ou dans une vieille Bible illustrée. Collez un petit aimant sur chacune d'entre elles. Les enfants auront du plaisir à fixer les images aimantées sur des objets métalliques qu'ils trouveront dans la pièces, pendant que vous raconterez l'histoire. Ils pourront le faire à tour de rôle ou alors, chaque enfant pourra se servir d'une image si vous en avez suffisamment. Voici d'autres éléments à utiliser comme supports visuels de l'histoire : des croix en bois (fabriquées à partir de bâtonnets de glace ou de branches), un drap ou une serviette verte pour illustrer le mont où se tenait la croix, des soldats en Lego ou Playmobil ou des personnages de chevaliers pour les gardes ainsi qu'un objet ou un papier en forme de cœur pour parler de l'amour de Jésus pour nous.

Jeu n°1 : Tout propres

Écrivez le mot PÉCHÉS avec de la craie sur un trottoir ou dans une cour. Prenez ensuite un grand seau d'eau. Demandez à chaque enfant de remplir, l'un après l'autre, une tasse d'eau et de la verser sur le mot PÉCHÉS. Observez comment le mot disparaît après avoir versé chaque tasse. De la même façon, l'amour et les souffrances de Jésus sur la croix ont lavé nos péchés pour que nous soyons libres afin de vivre au Ciel avec Dieu. Si vous faites le jeu à l'intérieur, prenez une grande feuille de papier et notez-y le mot PÉCHÉS au crayon. Les enfants effaceront, à tour de rôle, le mot.

Discussion :

- Qu'est-ce que le péché ? Et pourquoi péchons-nous ?
- Que s'est-il passé quand vous avez lavé (ou effacé) le mot ?
- Qui nous lave de nos péchés ?
- Par quel moyen Jésus a-t-il fait cela ?

Jeu n°2: Les flanellographes

Coloriez et découpez les illustrations tout en racontant l'histoire et en expliquant la crucifixion et le salut de manière à ce que les enfants comprennent facilement. Découpez le rectangle gris du cœur, et collez le rabat de la porte à gauche du trou.

Voici quelques mots clés pour vous aider à démarrer, accompagnés des chiffres correspondants aux images à utiliser pour les illustrations :

1. Les enfants ont le cœur triste (images 1, 2 et 3).
2. Jésus frappe à la porte de leurs cœurs (image 1 et 9).
3. Jésus désire leur donner son amour comme cadeau pour les rendre heureux (images 1, 8 et 10).
4. « Jésus, viens entrer dans mon cœur ! » prient le petit garçon et la petite fille (images 1, 4 et 5).
5. Jésus est dans leur cœur et y restera pour toujours (images 1 et 8).
6. Les enfants sont maintenant heureux et remplis de l'amour de Jésus (images 6 et 7).

Discussion :

- Que ressentez-vous en pensant à la mort de Jésus ?
- Que ressentez-vous en pensant au paradis ?
- Pourquoi irons-nous un jour au paradis ?
- Que ressentez-vous en sachant que Jésus vous aime tant ?
- Qu'avez-vous envie de faire, ou de ne pas faire, lorsque vous pensez à cela ?

Activité manuelle : L'assiette du mont Golgotha

Vous aurez besoin d'une assiette en papier et d'un cercle pré-découpé aux mêmes dimensions que le centre de l'assiette (1). Retournez l'assiette. Pliez le cercle en deux et collez le demi-cercle obtenu sur une des moitiés de l'assiette (2). Les enfants dessinent ou peignent une colline, de l'herbe, des buissons, une tombe et un sentier, sur une partie du cercle et de l'assiette, comme dans l'exemple ci-contre. Découpez les trois croix, coloriez-les en marron et collez-les sur le haut du cercle plié. Collez la carte avec le verset sur le côté de l'assiette pour se souvenir du salut.

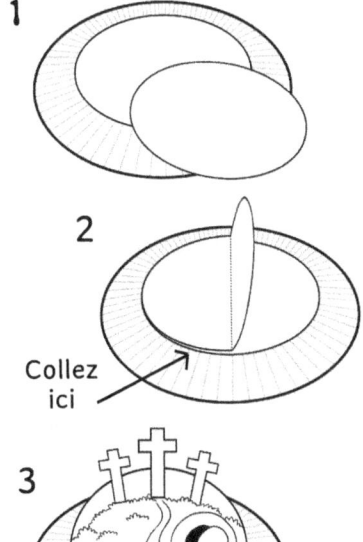

Feuilles d'activité : (La Bible et mes crayons NT)

Page à colorier
Mais pourquoi ?

Idée de prière et de louange :

L'animateur annonce un sujet pour lequel on demande pardon à Dieu et tous les enfants répondent à chaque fois d'un même cœur: « Je te demande pardon, Jésus ! »

Par exemple :

Pour toutes les fois où je te rends triste...(Je te demande pardon, Jésus!)
Pour les fois où je mens et je triche...(répétez à nouveau)
Pour les fois où je suis en colère et grognon...
Pour les fois où je suis impoli(e) ou méchant(e)...
Pour les fois où je désobéis et j'en fais à ma tête...
Pour les fois où je suis égoïste ou pas gentil(le)...
Pour les choses mauvaises que je fais...

Puis, terminez votre prière en faisant semblant de serrer Jésus dans vos bras et en lui envoyant des baisers.

notes

histoire 56

Il revient à la vie

(Matthieu 28:1-10) Sujet de la leçon : Jésus me donne la vie

Le verset à mémoriser :

Il n'est pas ici. Il est ressuscité, comme Il l'avait dit. (Matthieu 28:6)

Le support visuel de l'histoire :

Prenez une miche de pain, et coupez-la en deux. Sortez la mie d'une des moitiés pour illustrer le tombeau vide. L'autre moitié peut servir de grosse pierre devant l'entrée du tombeau. Prenez un drap ou une robe blanche pour l'ange et pour Jésus ainsi que des foulards et des épices ou des herbes pour les femmes. Écrivez le mot « VIVANT » à l'aide de grosses lettres sur des fiches cartonnées (une lettre par fiche) que les enfants tiennent en l'air. Les enfants peuvent également se servir d'instruments de musique pour faire retentir un son fort et joyeux ou faire rouler un tambour lorsque les femmes découvrent que Jésus est vivant.

Jeu n°1 : La chasse aux œufs de Pâques

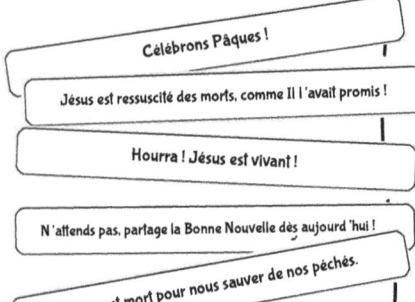

Servez-vous de boites à œufs colorées en plastique que vous avez gardées depuis les dernières fêtes de Pâques. Si vous n'en avez pas, vous pouvez aussi vous servir de petites boites ou de récipients quelconques en plastique ou même d'enveloppes.
Découpez en deux ou trois parties, les petites phrases disponibles dans les modèles. Placez les parties d'une même phrase dans une boite ou dans une enveloppe distincte, de manière à ce que chaque enfant ait une phrase différente dans sa boite. Par exemple, premier partie : Jésus est. Deuxième partie : la résurrection. Troisième partie : et la vie. Vous pouvez aussi, si vous le souhaitez, y inclure un petit chocolat. Cachez les boites ou les enveloppes dans la pièce pour que les enfants puissent les cherchent. Dès qu'un enfant a trouvé une boite ou une enveloppe, il retourne s'asseoir, reconstitue sa phrase de Pâques puis se régale avec sa friandise.

Discussion :

• Ce jeu vous a-t-il rappelé vos fêtes de Pâques ?
• Pourquoi pensez-vous que l'on utilise des œufs pour symboliser Pâques ? (C'est le début d'une vie nouvelle avec Jésus.)
• À quel moment notre nouvelle vie avec Jésus commence-t-elle ? (Lorsque nous croyons en Jésus et le recevons dans notre cœur.)

Jeu n°2 : La course de relais à la cuillère

Il vous faudra deux cuillères et deux œufs cuits qui symbolisent la nouvelle vie, ou des cailloux pour représenter la pierre devant le tombeau.

Les enfants se divisent en deux équipes puis se rangent en file indienne à une extrémité de la pièce. Le premier joueur de chaque équipe se déplace le plus vite possible vers l'autre bout de la pièce en maintenant son œuf ou sa pierre en équilibre dans sa cuillère, puis revient au point de départ. Il donne ensuite sa cuillère au joueur suivant de son équipe. Si l'œuf ou la pierre tombe, il faut la ramasser avant de continuer la course. L'équipe gagnante est celle qui termine la course en premier.

Activité manuelle n°1 : Une pierre originale

Pour cette activité, vous aurez besoin d'une belle pierre bien lisse pour chaque enfant, de peinture et de marqueurs permanents pour les petits détails et le texte.
Les enfants commencent par peindre leur pierre de manière uniforme de la couleur de leur choix. Puis ils peuvent y écrire un message de Pâques et décorer le pourtour avec des petites fleurs, des oiseaux, des papillons ou selon leur imagination. Voici quelques suggestions de messages : Jésus est vivant ! Christ est ressuscité ! Jésus m'aime ! etc.

Activité manuelle n°2 : L'image en 3D

Coloriez puis découpez toutes les images. Collez un morceau de carton épais ou un morceau de mousse au dos du tombeau, de la pierre et de Jésus. Collez-les ensuite au bon endroit selon l'exemple ci-contre, en commençant par le tombeau, puis la pierre et enfin Jésus devant la pierre. Collez la carte avec le verset au dos et lisez-la tous ensemble avant de terminer la leçon.

Feuilles d'activité : (La Bible et mes crayons NT)

Page à colorier
Une merveilleuse nouvelle

Idée de prière et de louange :

Les enfants auront beaucoup de plaisir à prier avec un « châle de prière ». Un tissu quelconque très léger ou un foulard fera l'affaire. Vous pouvez prévoir un foulard pour chaque enfant ou n'en faire circuler que quelques uns, d'un enfant à l'autre. L'enfant qui a le foulard en recouvre sa tête et son visage et prie Jésus en silence, selon ce qu'il a sur le cœur. Le but consiste à ce que les enfants ne prient pas pour impressionner quelqu'un ou pour se faire remarquer. C'est l'occasion de se retrouver tout seul avec Dieu sous leurs foulards. Cela les aidera également à se concentrer et à avoir des temps de prière privilégiés. Les autres enfants peuvent écouter de la musique douce jusqu'à ce que vienne leur tour de prier.

histoire 57 : Jésus monte au Ciel

(Luc 24:50-53 ; Actes 1:9-11) Sujet de la leçon : J'ai l'espérance

Le verset à mémoriser :

Notre espérance est dans les promesses de Dieu, comme une ancre de l'âme, sûre et ferme. (Hébreux 6:18-19)

Le support visuel de l'histoire :

Servez-vous d'un drap ou d'une robe blanche pour vous déguiser en Jésus.
Demandez à quelques enfants de se mettre debout et de tenir des nuages blancs découpés dans du papier. Montez sur un escabeau, puis sur une chaise et enfin sur la table pour illustrer Jésus qui monte au Ciel.

Jeu n°1 : Qui se trouve au Ciel ?

Tous les enfants s'assoient par terre au centre de la pièce. L'animateur annonce les noms de différents personnages bibliques, de personnalités célèbres ou de héros, de personnages de contes de fée, etc. Si les enfants entendent un nom qu'ils associent à une personne qui se trouve au Ciel, ils se lèvent. Dans le cas contraire, ils restent assis.

Discussion :

- Comment peut-on être sûr qu'une personne se trouve au Ciel ?
- Que nous dit la Bible au sujet du Ciel ?
- Serez-vous un jour au Ciel ? Comment pouvez-vous en être sûr ?
- Cela vous arrive-t-il parfois de penser au Ciel ?
- Que pensez-vous du Ciel ?

Jeu n°2 : Devinez l'action

Chaque enfant réfléchit, à tour de rôle, à un verbe d'action correspondant à quelque chose que Jésus a fait durant sa vie sur terre (par exemple : guérir les malades, prier, marcher sur l'eau, etc.) Les autres enfants posent des questions pour deviner de quelle action il s'agit. Il faut que l'on puisse répondre par « oui » ou par « non » aux questions. Celui qui trouve la réponse réfléchit à son tour à un verbe d'action.
Voici quelques idées de questions à poser :
S'agit-il d'une chose que Jésus faisait tous les jours ? Faisait-Il cela par lui-même ? Est-ce que d'autres personnes l'ont vu faire ? Est-ce quelque chose que nous faisons à notre époque ? Ses disciples le faisaient-ils aussi ? Avait-Il besoin de ses jambes pour le faire ?

Avait-Il besoin de sa bouche pour le faire ? Les gens étaient-ils surpris et émerveillés de voir Jésus le faire ? Était-Il assis pour le faire ? Le faisait-Il devant de grandes foules ? etc.

Discussion :

• Y a-t-il grâce à ce jeu, des choses que vous avez apprises au sujet de Jésus, que vous ne saviez pas aupavant ?
• Jésus faisait-Il beaucoup de choses que nous faisons de nos jours ?
• Quelles sont les choses que Jésus faisait mais que nous ne faisons pas ?
• Savoir ce qu'Il a fait et lire des choses à son sujet dans la Bible, cela vous aide-t-il à vous sentir plus proche de lui ? Pourquoi ?
• À votre avis, qu'ont ressenti les disciples lorsque Jésus a dû quitter la terre et partir au Ciel ?
• Avez-vous déjà perdu quelqu'un de votre famille, un ami ou un animal domestique ? Qu'avez-vous ressenti ?
• Qu'a dit Jésus à ses disciples pour qu'ils ne soient pas trop tristes ?

Activité manuelle : Jésus monte au Ciel

Coloriez et découpez les illustrations. Perforez un trou sur le haut et le bas de l'arrière-plan. Distribuez à chaque enfant une ficelle (deux fois plus longue que la hauteur de l'arrière-plan). Collez la ficelle au dos du personnage de Jésus puis faites passer chaque extrémité dans les trous. Retournez l'arrière-plan et faites un nœud. Les enfants peuvent alors tirer doucement Jésus vers le haut ou vers le bas en activant la ficelle qui se trouve au dos.

Feuilles d'activité : (La Bible et mes crayons NT)

Page à colorier
Trouve l'intrus

Idée de prière et de louange :

Servez-vous d'un grand récipient ou d'une boite bleue, pour illustrer le ciel. Remplissez-le d'un grand nombre de petits papiers en forme de nuages, de manière à ce qu'il y en ait pour tous les enfants.
Annoncez des sujets de prière (des amis, des proches qui sont malades, des amis partis en voyage, des événements spéciaux qui auront lieu dans votre église, etc.) Chaque enfant en choisit un et le note ou le dessine sur son papier. Vous pouvez coller tous les nuages avec les sujets de prière à votre fenêtre. Au bout d'une semaine, consultez à nouveau les sujets et collez une gomette sur ceux auxquels Dieu a répondu et réjouissez-vous et louez Dieu ensemble.

notes

histoire 58

Des flammes de feu

(Actes 2:1-4) Sujet de la leçon : Je reçois le Saint-Esprit

Le verset à mémoriser :

Le Saint-Esprit viendra sur vous et vous serez mes témoins dans le monde entier. (Actes 1:8)

Le support visuel de l'histoire :

Servez-vous de lampes de poche ou de petites bougies électriques pour parler des flammes de feu. Cherchez sur internet des enregistrements en différentes langues pour illustrer la partie de l'histoire où les gens entendent les disciples parler dans leur propre langue.

Jeu n°1 : L'aide du Saint-Esprit

Servez-vous des petites cartes à dessin qui indiquent de quelle manière le Saint-Esprit vient à notre aide. Coloriez et découpez les cartes puis placez-les au milieu de la table. À tour de rôle, chaque enfant pioche une carte et la lit à voix haute. Puis, il réfléchit à une situation ou à un problème en lien avec la carte et à la manière dont le Saint-Esprit peut l'aider à trouver une solution. Par exemple, si une carte dit « Le Saint-Esprit nous aide à nous rappeler certaines choses », les enfants peuvent parler du malaise qu'ils éprouvent à l'école, lorsqu'ils oublient la réponse à un problème de math, etc.

Les cartes et les références :
1. Le Saint-Esprit nous donne les mots qu'il faut dire. (Luc 12:11-13)
2. Le Saint-Esprit nous donne la paix et un cœur rempli de confiance. (Jean 14:27)
3. Le Saint-Esprit nous aide à nous rappeler certaines choses. (Jean 14:26)
4. Le Saint-Esprit nous enseigne. (Jean 14:26)
5. Le Saint-Esprit nous aide à parler aux autres de Jésus. (Actes 1.8)
6. Le Saint-Esprit nous aide à dire la vérité. (Jean 16:13)
7. Nous sommes remplis d'amour par le Saint-Esprit. (Romains 5:5)
8. Le Saint-Esprit nous remplit de la puissance de Dieu. (Éphésiens 3:16)
9. Dieu nous remplit de joie par le Saint-Esprit. (Romains 15:13)

Discussion :

- Le Saint-Esprit peut-il nous aider dans la vie ?
- De quelle manière pouvons-nous laisser l'Esprit de Dieu nous aider ? (en priant et en lui demandant son aide, en restant à son écoute et en lui obéissant.)
- Quelles choses faisons-nous qui peuvent faire obstacle à l'aide du Saint-Esprit ? (Nous oublions de lui demander son aide et nous suivons notre propre voie.)
- Quelle est la première chose qui vous vient à l'esprit lorsque l'on vous parle du Saint-Esprit ? (une colombe, une flamme, parler avec hardiesse, etc.)
- Réfléchissez à la façon dont le Saint-Esprit vous aide dans votre vie de tous les jours : comment a-t-Il, à votre avis, aidé les premiers chrétiens ?

Jeu n°2 : Suivez le Saint-Esprit

Vous aurez besoin de deux bouts de ficelle ou de laine et de deux bandeaux pour les yeux. Les enfants forment deux files indiennes. Le premier de chaque file met un bandeau sur les yeux et tient le bout de la ficelle. L'animateur et son assistant tiennent l'autre bout de la ficelle. L'enfant se déplace attentivement le long de la ficelle, sans être capable de voir où il se dirige, mais en faisant confiance à la ficelle qui le mène dans la bonne direction. Lorsqu'il arrive au bout, il prononce les mots suivants : « Le Saint-Esprit de Dieu m'aide à trouver le chemin ». Puis, il retire son bandeau et le remet au joueur suivant de son équipe. Vous pouvez rappeler aux enfants qu'il ne s'agit pas d'une course, mais de montrer de quelle manière le Seigneur nous dirige par son Saint-Esprit, lorsque nous sommes à son écoute et que le Saint-Esprit aide chacun d'entre nous à trouver le bon chemin dans la vie.

Discussion :

- Qu'est-ce que ce jeu nous fait découvrir et nous apprend ?
- Combien de fois par jour ou par semaine demandez-vous à Dieu que son Saint Esprit vous aide ?
- Pensez-vous que les choses seraient plus faciles si vous lui demandiez plus souvent son aide ?
- Qui sait ce qu'est le fruit de l'Esprit ? (Galates 5:22-23)

Activité manuelle :
Des couronnes de flammes de feu

Distribuez aux enfants une illustration de flamme pour qu'ils la colorient et la découpent. Découpez ensuite des larges bandes de papier cartonné (rouge, orange ou jaune) pour les couronnes des enfants, suffisamment longues pour entourer leurs têtes.

Les enfants collent la flamme sur leur couronne et la carte avec le verset à l'arrière de la couronne, pour se souvenir qu'ils peuvent toujours obtenir l'aide du Saint Esprit de Dieu lorsqu'ils la demandent.

Feuilles d'activité : (La Bible et mes crayons NT)

Page à colorier
Trouve l'intrus

Idée de prière et de louange :

Découpez les langues de feu et disposez-les sur la table, face caché. Chaque enfant en pioche une puis prie pour un sujet en lien avec la carte. Si la flamme parle de COURAGE, les enfants peuvent prier ainsi : « Jésus, s'il te plaît envoie-moi le Saint-Esprit pour me donner du courage pour parler avec hardiesse de toi. » Ou s'ils prennent la flamme qui parle d'AMOUR : « Jésus, s'il te plaît envoie-moi le Saint-Esprit pour me remplir de beaucoup d'amour pour mes frères et mes sœurs. », etc.

notes

histoire 59

La Bonne Nouvelle

(Actes 18:1-11) Sujet de la leçon : Je témoigne

Le verset à mémoriser :

Allez dans le monde entier et prêchez la Bonne Nouvelle à tout le monde. (Marc 16:15)

Le support visuel de l'histoire :

Vous aurez besoin d'un grand globe ou d'une carte du monde pour parler des voyages de Pierre et de Paul. Demandez aux enfants dans quels pays ils ont voyagé ou s'ils ont des amis ou de la famille dans d'autres pays. Prenez un atlas pour leur parler des populations à travers le monde, de ceux qui connaissent Jésus, de ceux qui ne le connaissent pas, pourquoi, etc. Vous pouvez vous servir de petits personnages Lego pour Pierre et Paul et d'une grande quantité de haricots secs bruns ou de boutons pour illustrer les foules.

Jeu n°1 : La pelote de laine

Les enfants s'assoient en cercle et l'animateur lance une pelote de laine à une joueur. Ce joueur garde le fil de laine en mains et lance la pelote à une autre joueur tout lui annonçant une bonne nouvelle telle que : « Dieu est amour ! » ou « Jésus t'aime ! » etc. Puis, le joueur suivant garde également le fil de laine en mains et lance la pelote à un autre enfant en lui transmettant une autre bonne nouvelle. Continuez jusqu'à ce que tous les enfants aient pu partager la Bonne Nouvelle. Vous terminerez le jeu avec une grande toile d'heureuses nouvelles.

Discussion :

• Qu'avez-vous ressenti en recevant la pelote et le message très spécial ?
• Pensez-vous que tout le monde veuille entendre parler de Jésus ? Pourquoi ? Pourquoi pas ?
• Si quelqu'un ne veut pas en entendre parler, que faites-vous alors ?
• Pourquoi Pierre et Paul ont-ils partagé la Bonne Nouvelle autour d'eux, et pourquoi le faisons-nous ?

Jeu n°2 : Aidez-moi à faire ma valise !

Il vous faudra une valise pour mimer « un voyage autour du monde ». Parlez aux enfants de votre destination, tout en observant la carte ou le globe. Faites circuler des bouts de papier aux enfants pour qu'ils dessinent les objets qu'il faudrait, selon eux, ranger dans la valise. Voici quelques exemples : un passeport, des Bibles à distribuer, des tracts avec une image de Jésus ou un verset, une lampe de poche...

...pour dire aux autres que Jésus est la lumière du monde, des cœurs, un sourire, une croix pour expliquer aux gens que Jésus est mort pour leurs péchés, une image de colombe pour le Saint-Esprit, etc. Les enfants mettent ensuite tous leurs bouts de papier dans la valise et vous accompagnent pour aider à répandre la Bonne Nouvelle autour du monde. Vous pouvez alors vous rendre chez les autres groupes d'enfants qui ont école du dimanche ou à la garderie et distribuer les bouts de papiers à ceux que vous rencontrez.

Activité manuelle n°1 : Le globe en papier

Les enfants colorient puis découpent la carte du monde en bandes minces. Remettez-les dans l'ordre puis assemblez-les en fixant une attache parisienne sur le haut et sur le bas des bandes. Coloriez et découpez le livre ouvert et les autres petites Bibles. Collez une ficelle au dos du livre ouvert à l'aide de ruban adhésif et attachez la ficelle à l'attache parisienne sur le haut du globe. Collez la carte avec le verset au dos du livre ouvert. Collez toutes les petites Bibles sur les bandes du globe, comme pour répandre la Bonne Nouvelle autour du monde.

Activité manuelle n°2 : Le journal des Bonnes Nouvelles !

Donnez à chaque enfant, une feuille d'un vieux journal. Les enfants découpent les cadres avec les « bonnes nouvelles », les colorient et les collent sur leur page de journal. Voilà ce que l'on appelle un vrai journal, rempli de BONNES NOUVELLES ! Les enfants peuvent les enrouler et les emporter à la maison.

Feuilles d'activité : (La Bible et mes crayons NT)

Page à colorier
Trouve l'intrus

Idée de prière et de louange :

Aujourd'hui, vous aurez besoin d'une carte du monde ou d'un atlas pour votre temps de prière. Chaque enfant se choisit un pion qui lui servira de repère (des pièces de Lego de différentes couleurs, des boutons ou des pièces de jeux de société) et le place quelque part sur la carte. Puis, les enfants prient, à tour de rôle : « Jésus, je prie pour les habitants de _____(dites le nom du pays), afin que plus de gens apprennent à te connaître et entendent la Bonne Nouvelle de ton amour. Aide-moi aussi à être un témoin rempli de hardiesse pour toi, où que j'aille. » Continuez ainsi jusqu'à ce que chaque enfant ait pu prier pour le pays qu'il a choisi.

histoire 60 : Le Ciel nous attend

(Apocalypse 21-22) Sujet de la leçon : Je témoigne

Le verset à mémoriser :

Dans la présence de Dieu, il y a abondance de joies, et bonheur éternel auprès de lui. (Psaume 16:11)

Le support visuel de l'histoire :

Préparez des objets ou des photos de ce que l'on ne trouve pas au Ciel (par exemple : une personne malade, quelqu'un qui pleure, un visage en colère, le péché, un bandage, la guerre, etc.) Rassemblez ensuite des objets ou des images de ce qui se trouve au Ciel (par exemple : des rues en or, le bonheur, Jésus, des gens qui nous sont chers, des anges, la Parole de Dieu, l'arbre de la vie, etc.) Les enfants peuvent vous aider à les classer par catégories pendant que vous racontez l'histoire.

Jeu n°1 : Les quatre coins

Il vous faudra quatre feuilles de papier de différentes couleurs (bleu ciel, jaune ou doré, blanc et vert). Placez chaque feuille dans un coin de la pièce. Les enfants se mettent à danser sur de la musique au milieu de la pièce. Lorsque la musique s'arrête, ils se répartissent dans les quatre coins et l'animateur annonce une des couleurs. L'enfant qui se trouve dans le coin de la couleur qui vient d'être annoncée, décrit une chose de cette couleur qui se trouve au Ciel. Par exemple, s'il se trouve dans dans le « coin bleu », il pourra dire : « le ciel, l'eau, des lacs, des ruisseaux, un geai bleu, etc. » ; au sujet de la couleur dorée : « des allées, des toits, des couronnes, des demeures, etc. »; au sujet du blanc : « des ailes d'anges, des robes de lumière, des petits agneaux, du jasmin ,etc » et au sujet du vert : des arbres, de l'herbe, des feuilles, etc. »

Discussion :

• Quelle est votre couleur préférée ?
• Y a-t-il une chose particulière que vous aimeriez voir au Ciel ?
• Quelle est la première chose qui vous vient à l'esprit lorsque vous pensez au Ciel ?
• Jusqu'à quand existera le Ciel ?
• Pourquoi Jésus nous prépare-t-il une demeure comme celle-ci au Ciel?
• Quelles choses pouvez-vous faire pour que la terre ressemble un peu plus au Ciel ?

Jeu n°1 : Décrivons le Ciel !

Fabriquez vous-même un bac à sable à l'aide de riz, de haricots secs ou de quelque chose de semblable au niveau de la texture. Cachez-y des lettres d'un jeu de Scrabble (ou d'un autre jeu de lettres). Distribuez une cuillère à chaque enfant pour qu'il puisse partir à la chasse aux lettres à l'aide de sa cuillère en essayant de reconstituer les mots qu'ils voient sur le tableau, sur le thème du Ciel ou de l'histoire.
Voici quelques idées de mots que vous pouvez lister sur le tableau : « élevé, lumineux, doré, brillant, extraordinaire, magique, exceptionnel, délicieux, demeure, voler, ange, trône, Dieu, amis, famille, etc.

Activité manuelle :

Coloriez et découpez les images. Pliez le long des pointillés et collez Jésus derrière les deux piliers de la porte pour les relier. Les enfants pourront alors ouvrir grand la porte et voir Jésus les accueillir. Pour finir, collez la carte avec le verset au dos d'une des portes pour le réviser facilement.

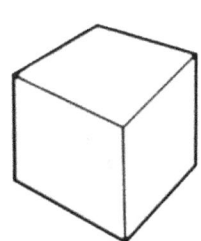

Feuilles d'activité : (La Bible et mes crayons NT)

Page à colorier
Trouve l'intrus

Idée de prière et de louange :

Servez-vous du dé à colorier et à découper. Les enfants le lanceront à tour de rôle, afin de découvrir de quelle manière prier pour le sujet sur lequel ils tombent :
1. La Bible : déclare un verset de la Bible.
2. Une note de musique : choisis un chant de louange et tout le monde en chante le refrain.
3. La face « répéter » : tous répètent ta prière après toi.
4. La bulle qui dit « merci » : dis merci à Dieu pour une chose qui te tient à cœur.
5. La bulle de texte avec les cœurs : prie pour quelqu'un qui a besoin d'aide et de soutien.
6. Les yeux fermés avec la bulle « je pense au Ciel » : tous ferment leurs yeux et imaginent le Ciel selon leurs attentes.

UNE BIBLE POUR MOI

composée de 60 histoires simples et captivantes, avec de charmantes illustrations riches en couleurs.

Chaque histoire s'accompagne d'une leçon et d'une définition (le plus souvent une valeur morale ou un trait de caractère), ainsi que d'une application tirée de la vie de tous les jours, sous la forme d'une mini bande dessinée.

Cette Bible éveillera chez les enfants l'amour de la Parole de Dieu et la passion de l'explorer.

• •

Ne manquez pas de vous procurer du livret :

La Bible et mes crayons.

Vous y trouverez des petites histoires, des pages à colorier, des jeux et des activités.

www.ingramcontent.com/pod-product-compliance
Lightning Source LLC
Chambersburg PA
CBHW081449070526
44586CB00019B/2275